いい保育をつくるおとな同士の関係

保育者・保護者、保育者同士・保護者同士が理解しあうために

『ちいさいなかま』編集部編

もくじ

保育者・職員同士編…思いをわかりあうって？

保育・子育ての
新たな共同を
つくるために

おとな同士の共同を困難にしているものは何か

横浜市立大学
中西新太郎

今、構造改革のもとで労働状況が厳しくなり、社会的な格差が広がるなかで、生活が困難な家庭が増え、子どもの貧困も社会問題となっています。同時に、子育て・保育の分野においても市場化へと制度改革が進んでいます。そのようななか、保育の現場でおとな同士が共同して、すべての子どもたちに平等に豊かな子育て・保育環境をどうやって保障するのかを考えていくことが求められています。

しかし一方で、おとな同士が共同していくことが困難になってきている状況があります。たとえば、保護者に「いっしょにがんばって子育てをしていきましょう」と言っても、「子育ての共同」の意味がわからなかったり、同僚の保育者に「子どものためにいっしょに保育を考えていきましょう」と言っても、自分の考えをストレートに言ってくれなかったりと、なかなかおとな同士が通じあえないことなどです。子育て・保育に関わる方たちにとって、子育てや保育のなかで獲得してきた知恵や工夫を、これから子育て・保育を担っていく人たちにどう伝えていくのかは、共通の悩みなのではないでしょうか。

このようななかで大切なことは、まず、子育てや保育に関わる私たちの共同を妨げている背景・原因がどこにあるのかをはっきりさせることです。そして、これまで保護者の思いや保育者のさまざまな願いを結びあわせてつくってきた子育て・保育の共同の成果をふまえ、新たな共同をつくりだすことが必要です。

では、これまでの共同をどう伝えていけばいいか、新たな共同をつくりだすためには何が必要なのかを、読者のみなさんと考えてみたいと思います。

保護者の非常識に映る行動をどうとらえるか

まず、保護者をめぐる状況を考えてみましょう。

ここ数年、「モンスターペアレント」ということばが急速に広がっています。大学生に、今の日本社会の問題は何かを聞くと、多くの学生が「モンスターペアレント」と答えます。みなさんのなかでも、「モンスターペアレントと言いたくはないけれど、それはないんじゃないの？　と言いたくなる保護者がいる」と思われる方もいらっしゃるのではないでしょうか。しかし、保護者の立場に立ってみると、また違うふうに思います。

私もわが子が保育園でお世話になりました。親として振りかえると、いかに保育者・保育園を「騙《だま》す」か――たとえば、子どもに三七度三分の熱があっても三六度八分なので大丈夫です、と言いながら気づかれないように預けてしまう「テクニック」を身につけるなど――というような経験をしています。親の側には、「自分に弱みがあるのだけれど、それをストレートに突いてほしくない」という思いがあります。

保育者と保護者の関係において一番の基本は、お互いがどういうふうにつながりをもてたらいいのかをいっしょに考えられることだと思います。しかし、その「いっしょに考える」という、つながるうえでの基本と、「モンスターペアレント」というとらえ方は、ちがう方向にあるのではないかと思います。

一九七〇年代の初めに「教育ママ」ということばが流行りました。教育ママは一九五〇年代後半にできたことばで、当初は教育パパと教育ママの両方が作られたのですが、教育ママだけが生き残り、七〇年代に恐ろしいママとして小説などに登場しました。結果的には、「教育ママはおかしい」という話が「教育ママではなくて、正しく賢い態度ができるような母親にならなければいけない」と、母親に対して「教育競争に細心の注意を払って参加していく親になれ」という論調になったプロセスがあります。

その後、教育ママということばは使われなくなりました。なぜかというと、教育ママのような子育てのあり方があたりまえになってしまったからです。この「教育ママ」と同じように、現在の「モンスターペアレント」という話がどこに向かうかというと、最終的には「モンスターペアレントのようなおかしな親ではなくて、子育て競争にきちっと参加していく親になれ」という方向だと思います。

保育者は子どものケアに関わる専門家として、「モンスターペアレント」ということばのイメージがどんな役割をし、影響を与えるのかを考える必要がありますし、「親として考えなくてはいけないのではないか」とか「ちょっと問題ではないか」と思えることがらを、どういう問題としてとらえなおすかを考える必要があります。つまり、保護者の考えや言動、実態から、私たちは何を読みとるのか、ということです。

外からは見えにくい家庭の貧困

現代の貧困を取りあげた本のなかに給食費を払わない親が出てきます。そのインタビューを紹介しながら考えましょう。小学生二人のお母さんの話です。

――「払わなきゃいけないけど、きつく催促してこないものについては極力払わないようにしています。たとえば給食費もそうです。給食費は銀行の口座引き落としなんですが、口座ごと解約してしまった。……もちろん、偽装離婚するまではちゃんと払っていたんですが、給食費を払ってない子どもが、みんなと同じように給食を食べている事実を知って、常々「払うのがバカバカしい」と思ってたんです。偽装離婚してから、自然と私もそうしようと考えるようになりました。正直者がバカをみるって本当ですよね。それに、考えてみれば義務教育なんだから、教材費も給食費もタダでいいと思うんですよ。「払わないで済むものは払う必要なし」が今の私のモットーです。学校から督促の通知が来ますけど、「お金がない」の一点張り。それ以上、強く催促してきません。給食費未払いが問題になってて、差し押さえされる例もあるようですが、たぶん娘の学校はそこまでしないと思いますよ。」――（門倉貴史『貧困大国ニッポン』宝島社新書）

こんな話を聞かれると、「自分だけ払わないのは図々しい」と思われる部分があるでしょう。大学生たちに尋ねてみても「給食費を払わない親は異常」という反応が圧倒的多数なので、世間一般で、「なんてひどい親がいるものだ」という非難の眼が向けられるのは無理もないと思います。

しかし一方で、そもそも義務教育って無償なのではないの、なぜ払わなくちゃいけないのか、という発言には考えさせられます。子どもの教育費が家庭の大きな負担になっているのは事実であるし、それをなんとかやりくりしている実態があるからです。「子ども一人月六千円弱なんで、二人で一万二千円は大きいですよ。これだけで、車の維持費が浮いちゃうますもん」とこの方は言うのですが、これも自家用車を持ちながら給食費を払わないとは、という反応を引き起こすにちがいありません。ですが、車が必要かどうかは地域や家庭の事情によりますから、すぐさまおかしいと言うことはできません。

この家庭は、四人家族で世帯年収が三三〇万円。以前は、月手取りで三〇万以上だったのが、現在はリストラ寸前で二二万円まで減らされてしまったそうです。そして、「ローンが一〇万円、その他いろいろ払うと家庭崩壊状態。一人の子どもが病気がちなので、自分は働けない。そこで、偽装離婚をしてなんとか暮らしている」と話しています。

ある部分だけを取ってみると、「車の維持費を浮かすために給食費を払わなくていいのか」と思ってしまいます。文部科学省による給食費未払い調査の記事や、身勝手な親がいるという報道の多くはそういうとらえ方です。しかし、この家庭の全体状況を見ると、ワーキングプアの典型的な姿といえます。年収三〇〇万円未満の方に、「どのくらい収入が減ったら家庭が崩壊するか」と聞いた調査では、「年間一〇万円」だという回答が多数でした。ということは、月に七千円〜八千円減ったら、もう家庭は維持できないという人たちがたくさんいるということです。

ワーキングプアのイメージは、ひとり親家庭や障がいがあるなどなんらかの事情で働けないから生活できないというイメージをもたれているかもしれませんが、毎月三〇万円以上の収入があって親子四人で暮らしている家庭が、実は生活保護水準に等しい状態だという事実があります。都留文科大学の後藤道夫さんの調査では、子育て家庭のほぼ四世帯に一世帯近くがこのような状態だといいます。一見、「車で保育園の送り迎えをしているのに給食費は払わないなんておかしいんじゃないの？」と思える親は、みなさんが抱く貧困のイメージとはちがうと思いますが、生活の実態を見ると非常に苦しんでいる。そんな家庭が全国で急増しています。格差が進んだ社会のなかで、外からは見えにくい、厳しい生活の実態があるという状況が、一番大きな問題です。

たとえば、親の年収が四〇〇万円であっても、子どもが私立高校に入ると、年間八〇万円かかり（文部科学省の学習費教育調査）、そうなれば、その家庭の年収は三二〇万円となります。これは大衆的な貧困といったらいいでしょうか。今までの貧困のイメージを大きく突き崩す貧困が広がっていることを、私たちはみなければならないと思います。そして、親のいろんな行動や言動だけをとらえて非難することによって、本当に問題が解決するのかどうかを考えなければいけないと思います。

子育て競争のなかでの「いい子育て」

一方で、「生活が大変だとは思えないけれど、保育園や幼稚園にいろんなことを要求する親もいるじゃないか」と思われる方もいらっしゃると思います。たとえば、「ここの園では英語を教えてくれますか」などと言ってくる親です。

幼児向けの英語教育は、ここ一〇年くらいで急速に広まってきました。若い親のあいだでは、「三歳くらいまでに英語教育をはじめたい」と思っている方が多数派になっています。それが本当に根拠があるかどうかは別として、早くから教えたほうがいいという感覚は行き渡っています。私の大学では、三年に進級するときは、TOEFL五〇〇点クリアできないと留年になる制度をつくっています。親にしてみると、それだけ授業料がかかれば死活問題となり、やはりちいさいときから教えておかなければ大変だと思うのではないでしょうか。

一九七〇年代以降は、私立高校への進学や幼稚園のお受験が広まりました。保護者が責任を持って子どもにしっかりと教育を施すという教育競争が進み、現在では、その教育競争が子育て競争にまで入りこんでいると思います。それは、自然にそうなったのではなく――私は新教育基本法体制と言っていますが――、幼児から大学まで子どもたちを競争関係のなかにおく仕組み、政策として広がっているのだと思います。そして、子育て競争を生みだしている制度・政策のもとで、保護者は「いい子育て」に追いたてられています。

そんな社会のもとで、従来のように「近所の保育園に友だちといっしょに行けば十分」と保護者が思うのはむずかしいのではないでしょうか。ほとんどの教科を英語で教える公立小学校も出現しています。そこの授業料は五万円くらいかかるそうですが、学校で五万円で英語を教えてくれるのなら塾に行かなくてすむので通わせようと思う人も出てくるでしょう。

ちいさいときに英語なんて必要ないと考える方もいらっしゃると思いますが、親子をとりまく環境はそうではなくなっているのです。保育の世界にも競争が入りこんでくるなかで、保護者が「子どもに対して配慮をしてほしい」と要求するのは不思議ではないと思います。

また、保育の市場化が進むなかで、株式会社が保護者の要求にこたえるべくきめ細かいサービスを展開しています。たとえば、ある民間企業が経営する学童保育では、小学校まで迎えに行き、英語教育にも対応できる指導員をそろえていて、夕食準備にも出張し、保護者の要求にこたえて何料理でも作るそうです。「子どもにいい環境を」「いい子育てを」と願う保護者の要求を、「よい商品」を求める購買者の行動に単純化させているのです。安くて大量で均一の商品を売るという市場化もおきていますが、「料金さえ払っていただければどれだけでも手のこんだサービスができますよ」というサービスも、子育ての世界で拡大しています。

そのようなサービスがあたりまえだと考える保護者にとって、「なぜ、保育園ではきちんと要望を受けとめてくれないのか」という要求が出てきても不思議ではありません。私たちは、「お金は払いますからうちの子だけは特別に配慮してください」というのはおかしいと思うわけですが、そのおかしいということを保護者に説明して納得してもらうためには、今の環境のなかで何が大切かをもっともっと大きな努力をはらって話しあい、保護者とともに考えなければいけないときにきているのだと思います。

モンスターペアレント非難は保育者非難にはね返る

このような今の子育て環境を考えると、保育に関わる方たちが、「文句」を言ってくる保護者に対して何をどう読みとるかということが非常に大切になっていると思います。「変なことばかり言うクレーマーの親が増えた」と、「モンスターペアレント」を非難することだけで終わってしまうと、それは確実に保育者非難にはね返ってきます。保護者としては、子育ての市場化のなかで一人ひとりの子どもにきめ細かいサービスがあるのに、保育園ではなぜそういうふうにしてくれないのかという評価をすることになります。子育て・保育の政策は残念ながらそういう方向に進んでいます。

「モンスターペアレント」ということばが広がるなかで保護者は、「モンスターペアレントにならずに自分の子どもによくしてもらえる『モンスターペアレントにならないような文句のつけ方』というようなマニュアルができたら争って買うでしょう。保育者向けには、『文句を言わせない保育の秘訣』という本があれば売れるでしょう。両方がそんなスキルを鍛えていくと、「保育者と保護者のバーチャルなとってもいい関係」ができあがっていきます。傍目には特別に波風も立たず、問題はないようだけれど、「午前中お子さんは○○を○回しましたが、これでよろしかったですか?」とか「マニュアルどおりにやっているのだから文句は言わないでください」というような世界に子育てが変貌するということになりかねません。

保育者の役割としては、保護者の言動や要求にぶつかったときに、そのような「保護者から保育に文句をつけられないようにする」という関係ではなく、「いっしょに子育てを考える」という共同の関係をつくることが、子どもにとって最善の利益になるはずだと思います。そのためにはまず、保護者の方たちの話を落ちついて聞きとることからはじめて、話されていることがら、「文句」や「不満」や「恨みつらみ」のなかにひそんでいる思い、子育てをめぐる不安や要求を探ってゆくことが大切です。「こうしたら」とか「こうします」などとこちらに問題を引きとってしまう前に、保護者が自分で子育てのさまざまな困難を整理して、自分の本当に望んでいることに気づけるようにいっしょに考えること——そのことが「保護者とともに」という共同の出発点なのだと思います。

保育現場のなかでの共同を困難にしているもの

さて、今までみてきたように、さまざまな子どもや家庭を支えながら共同をつくっていく保育の現場にも大きな変化が起こっています。実際、保育者・職員にとっては、日々、仕事が大変になり、負担が増えるばかりだという思いがあるのではないでしょうか。そこで、今度は職員同士が共同をつくっていくうえで、なぜたくさんの困難が生まれているかを考えてみましょう。

雇用形態の変化

共同を困難にしている原因の一つは、保育現場のなかで雇用形態が違う人たちが増加していることです。

ベネッセが二〇〇九年三月に、非正規職員か正規職員かをとった大規模なアンケートを見ると、民間保育園では非正規で働く職員は三割を超えています。公立保育園では、非正規の職員が五割を超えています。公立保育園の職員の半数以上は非正規なのです。これは保育園に限りません。小中高校の現場においても、非常にたくさんの非正規職員が働いていて、その非正規職員によって教育が成り立っている状態なのです。非正規として働く方たちのなかには、直接自治体に雇用される労働者だけではなく、派遣会社に雇用され、現場に「配達される」という派遣労働者も急増しています。同じ保育園で働いていても、雇用の形がちがうのです。

働き方の形が変わると、保育をいっしょにつくるということや、保護者とのつながり方も変わっていきます。一つの園で子どもの成長を支えている人たちが、それぞれ異なる条件や働き方をしており、園はその人たちを一つの集団としてまとめていかなければならないという新しい事態が生まれているのです。そういう状況と関わって、一時預かりや延長保育など、それぞれの職員がいろいろな時間にいろいろな関わり方をしていて、パッチワーク保育のような状態になっています。また、全員が職員会議に参加するわけではないので、たとえ同じ時間に保育をしていてもいっしょに考えるのは容易ではなく、共同することはかなり困難だといえます。

これは今までの保育のなかで考えられてきた職員集団のあり方とはまったくちがいます。しかし、このような状態は流通産業ではあたりまえなのです。

たとえばチェーン方式の居酒屋さんでは、正社員の店長とパートやアルバイトの労働者が働いており、しかもアルバイトが大学生だったり、いわゆるフリーターの若者だったり、外国人労働者、留学生だったりします。正社員の店長は人件費のコストを抑えるシフトをやりくりするために大変な過重労働を押しつけられていますが、その負担はアルバイト、パートの仕事にもかぶさってきます。こうした流通産業の元店長がその内幕を書いた本のなかで、「店長にふさわしい能力は、ほかの人を踏みつけにして使えるだけ使い平気でいられること」と述べていますが、そうでもしなければ自分が倒れてしまうので（その実例はそんな「名ばかり店長」が起こした裁判のなかでたくさんあります）、部下の労働者に無茶な要求を押しつけてしまうのです。押しつけられたほうは、今度は「使えない」同僚にきつい眼を向け、ついには殺伐とした職場環境が広がってゆきます。

こうした職場のなかで、個人の負担が増えてきているのは誰のせいでもないのです。保育の現場でいえば、何よりもまず、保育環境や条件が変化したことが、共同をつくりあげていくうえでのむずかしさを生みだしている原因といえます。

格差の導入

さらに今後、共同を困難にしていく危険性が予想されます。それは、子育て・保育に格差が導入される動きが強まっているからです。

公立保育園の民営化というと、株式会社が安かろう、悪かろうという質の低い保育をするのだと思われるかもしれませんが、単純にそうはいえない現実があります。

たとえば、株式会社日本保育サービスでは、三年間で一一〇〇人の保育士を集め、五〇園以上を増やしていくと言っています。同じ株式会社である「こどもの森」も同じ方針です。二つの株式会社立の保育園で、三年間に一〇〇の保育園を増設するという方針を出しているのです。こうした株式会社立の保育園が今後、保育士の有力な就職先の一つとなっていく可能性があります。株式会社立の保育園では、保育士を米国に留学して研修させるとか、さまざまな保育サービスを展開することが言われています。単純に、「株式会社だと安上がりな保育」だとは言えません。また、保育料によって、「いい」保育とそうではない保育のちがいが出てくるとも言えます。

これは保育の分野でのこれまでの考え方とはちがいます。介護の分野では、資格を区分する制度の導入が議論されていますが、保育の分野でも、エリート保育士と一般保育士という資格上の区分が出てくる可能性もあります。

人間を育てる保育制度の仕組みのなかで、そうした格差が導入されるのは大きな問題です。そのような制度が導入されれば、特に、困難を抱えた子どもや家庭がおきざりにされていき、また、なるべく安いコストで収容していくという子育ての形が出てくると思います。

評価・成果主義の導入

そして、二〇〇八年三月に告示された新しい保育所保育指針の問題です。新保育所保育指針には、保育士と保育園の自己評価が明記されています。保育士が自己評価をし、また、「保育士が保護者を指導する」という関係にもっていこうとしています。評価は、成果主義に結びついていきます。評価制度は私の大学でも導入されていますが、保育士の場合は「スーパー保育士」というような制度をつくって、賃金を少し上げるというふうになるかもしれません。「保育や子育ての世界でそんなことに？」と思われるかもしれませんが、新しい教育基本法のなかでは、保育園・幼稚園から大学までそういう仕組みのなかに組みこまれています。

「スーパー保育士」は、「やっかいな親に関わって自分の評価が下がってはたまらない」と思って、なるべく人のよさそうな保育士に親との関わりを譲り、自分の評判は下げないようにするかもしれません。共同の子育てではなく、個人の能力の評価に基づいて子育てをしていくことになるわけです。新保育所保育指針にはそのような危険性があることを考えなくてはならないし、今後、保育が成果主義の方向へ進んでいくことを注視する必要があります。

そもそも「評価」というのは、保育士がよりよい保育をするための手がかりの一つという位置づけのものだと思います。ところが、成績をつけて評価をするということになると、いろんな査定に関わる書類を書かなければならなくなり、机上の実務も増えていきます。また、成績をつけて評価するという職場になると、人間関係が築けない、仕事がきつくなった、意思疎通がはかれない、人間関係がギスギスしているという雰囲気になります。それが、特に園長や主任など管理職の立場であれば、自分の指導力が足りないと感じて奔走してしまいます。そんな園長や主任を見て、若い保育者が自分もそうなりたいと思うでしょうか。

子育てなど、人間と人間が関わりながら関係をつくっていく場所において大切なことは、共同です。共同からかけ離れた評価という仕組みを子育てや保育に導入することが、子どもにとっていいことなのかを問題にしていかなければならないと思います。

「構造改革時代」を生きてきた若い世代の生きづらさ

ここで、いっしょに保育をする若い世代がどんな時代に育ってきたのかを考えてみましょう。

一般的に言えば、多くの若い世代はちいさいころから、「弱みを見せてはいけない」という「訓練」を受けて育ってきています。弱みを見せるということは、自分に対する攻撃をまねくことになる、と考えているのです。たとえ、自分がいろんな問題を抱えていたとしても、「私はしっかりがんばってやっています」という顔を見せるのです。

たとえば、東京都品川区の小学校では、いつも明るく元気にハキハキ応答できる子どもを育てるという、いわゆるコミュニケーションスキルを磨くための教科があります。見学にきた先生たちは、こんなに明るく元気な子どもが育つのかと感心して帰られるのですが、児童館の職員によると、「そういう明るくてハキハキした子が児童館にくると悪さをする。むしろ、そんな姿を見ると安心する」ということです。

「いつも明るく元気にハキハキ応答できる子ども」というのは、たとえば大学生が就職の面接試験で応答する状態を二四時間つくることだといえるでしょう。そんな環境のなかで育っていけば、たとえ、「失敗したことも素直に言ってね」と言われても、簡単には信じられないでしょう。自分の能力の不足を攻撃されないためには、まず、「私は大丈夫です」「がんばります」と言わなければならないのです。中学、高校、大学をとおして、頼るということは弱さのあらわれと思い、頼りあわずに、弱みをいたずらに攻撃しあわないような関係をつくっていくことを学び、これが基本的な人間関係のスキルになっているわけです。これを崩さないかぎり、お互いの弱みを出しあいながらいっしょに考えていきましょう、ということは実現できません。

最近、中学校などで、いっしょにお弁当を食べるグループのなかで上位、中位、下位と序列がついていると聞きました。グループに入れてもらえない子は、お弁当を食べないか、トイレで食べるか、です。メールアドレスを交換するときも、序列が上の人間からは交換してと言えますが、序列が下の人間は上の人間には言えない。メールアドレスの交換にも、上下関係の配慮が繊細に働いているのです。私は、「友だち階層性」と呼んでいますが、若い人たちはそのような世界を生き抜いているのです。

お互いを人として尊重するところを前提に

保育現場では、みんなでいっしょに問題を考えていきましょう、というふうにしていると思いますが、現実に若い世代が生きている環境とはズレがあります。よく、「若い人が何も言わない、しゃべらない」ということを聞きますが、それは若い人が何も考えていない、思っていないということではありません。その場所で、お互いが本当に安心していられる状態であるかどうかという関係性が大きく左右するのではないかと思います。

今、人と人とがいっしょにものを考え、行動していくことに困難が生まれているのは、社会環境や文化的背景にも原因があります。そういうなかで、保育・子育てのなかで新たな共同をつくりだすにはどうしたらいいでしょうか。

まず、子育てや保育のなかで、子どもも保育者も保護者も尊厳をもち、同じ人間として同じ場所に立っている、お互いがそういう関係にあるんだという確信をもてることが必要だと思います。これは、職員同士の関係も同じです。みんなでいっしょに考えていく前提に、同じ人間として尊重し、尊厳を認めるという関係であること、そしてその前提が職場の関係として確立されているかが非常に大切だと思います。今、「子どものためにいっしょに考えていこう」ということばだけでは足りないのです。「あなたと私は同じ人間として、たまたま同じ職場で尊重しあう関係のなかで生きている、尊厳を認めあってお互いに関わりをつくっているんですよ」ということが、まず、基盤として存在していなければなりません。これは、正規、非正規、子ども、おとなであろうと、すべての人間関係の核心です。それぞれの集団をつくるときに、実感として、自分がしっかり受けとめられているという場所から出発することで、はじめてその先に、いっしょに問題を考えていこうという共同の可能性がひらかれるのだと思います。

保護者と保育者の共同、保育者・職員同士の共同、そして保護者同士の共同——それらすべてに共通する共同の具体的なあり方を、最後にまとめてみます。

共同してこそ子育ての力が発揮できるのはなぜかと言えば、一人ひとりでは絶対に足りないところがあるからです。それぞれが弱いところ、弱点を抱えているからこそ共同が必要だし、共同の力が生きるのです。だとすれば、「これができていない」と弱いところにばかり眼が向くようなやり方は共同を妨げることになります。誰が悪いかを追及しているのではなく、どこに困難や問題があるのかをいっしょに考えているのだ、ということが実感として伝わっているかどうかが大切です。「責めない」関係としての共同です。

「責めない」関係とは仲よくすればいいということではありません。子育ての困難や問題にいっしょに集中しようということです。表面上では問題がないよう取りつくろう子育てではなく、問題がよく見えてくる関係をつくること。そのためには、互いの話を聞きあえる場や雰囲気が絶対に必要です。お互いに安心して話を聞きあえる共同をつくれるかどうかで、困難や問題がかくされてしまうか浮かびあがってくるかが決まります。「聞きあえる共同」をつくる努力とは、聞きとりにくいお互いの声をよく伝えることのできるすぐれた補聴器のような役割だと言えるでしょう。

最後に、「具体的な悩みや困難を具体的に解決してゆけるような共同」をめざしてほしいと思います。子育てや子育ての共同についての理想を共有しているかどうかではなく、たとえそうした共有がむずかしくても、「ここが困っている」という点を具体的に解決してゆく共同は可能です。そしてそうした共同の積み重ねを通じて、今子育てに何が本当に大切なのかについても、共通の理解が広がってゆくのではないでしょうか。

この小論は、二〇〇八年、二〇〇九年全国保育団体合同研究集会、二〇〇九年、二〇一〇年公立保育園園長・主任セミナーでの報告をまとめ、加筆したものです。

保育者と保護者 編

いっしょに子どもを育てるって？

実践①

トラブルをとおして考える……

かみつきをきっかけに懇談会でおとな同士の手つなぎを

静岡・こぐま保育園
青池裕輝子／白鳥和代

かみつきが、一日に一〇件も！

一歳児一八人を四人で担当すると決まったとき、二グループに分けて生活したいと思いました。自分をちゃんと主張し、落ちついてわかりやすい生活ができるようにしたいと保育者同士で話しあい、タンスやおもちゃ棚など、あらゆるものを使って室内を二つに仕切り、保育者も担当制をとるようにしました。

発達遅滞のCくん対応の看護師と短時間保育士の加配があり、グループを、

かばグループ…一歳前半（一〇月～二月生まれとCくん）八人を正規二名と看護師一名、

きりんグループ…一歳後半（四月～一〇月生まれ）一〇人を正規二名と短時間パート一名に編成しました。室内は二つに分けましたが、トイレや手洗い場、出入口などは共有フロアであるため、どちらのグループへも行き来ができるものでした。

新しいクラスが始まってすぐにかみつきが起き、一日に一〇件以上起こることもありました。かみつきが多く起こるのは、二つのグループがいっしょにあそんでいる時間帯です。おもちゃの取りあいや手洗いの順番争いで起きることもありましたが、特に保育者が頭を痛めたのは、かばグループの子がきりんグループの子にかまれるケースが非常に多かったことでした。ただ座っているだけで両腕を四か所もかまれたり、抱っこされている子の足や、眠っている子もかまれるのです。月齢の高い子が何もしていないちいさな子をかむのはどういうことなのだろうと悩みました。かまれた子の痛さを伝えることはできても、かんだ子の気持ちやつもりにどう寄りそえばいいのかことばが見つからず、ただ抱っこするだけのときもありました。

「どうして、うちの子ばっかり！」

そのようななか、夕方のお迎え時は、保護者に謝ることが続きました。かまれることがたび重なると、「どうしてうちの子ばっかり！」「傷あとを見るとかわいそうでならない」「三日も続くと、いい加減にしてよと思っちゃう！」「毎日繰りかえされるといじめとしか思えない！」と、怒りと、わが子に対しての切ない気持ちが伝えられました。

また、「先生に謝られることがつらい。謝ってくれてもまた次の日かまれてくる！」「かみつく子をよく見ていてほしい」「保育士さんたちは子育てのプロなんだからかみつきのない保育をしてほしい」「こんなに続くと保育園に預けるのも考えなおさなきゃって思う」など、保育に対する要望や不信も語られました。

一方、かんでしまった子の保護者には、かみつきが重なる場合は状況を伝えることにしました。そこでも、「かんだ子の名前は伝えているのか」「相手の親には謝ったほうがいいのか」「保育者によって対応がちがうように思うが園の方針はどうなのか」「親の手元を離れた園での保育中に起きたトラブルに親がどう責任を持つのか」などという意見が出され、もっともなこととして受けとめました。

保育者同士で悩み、考え、話しあって

そんな保護者の声に沈みがちになりながらも、かむ子から目を離さないよう気をはって保育をしたり、保育者同士が伝えあうように努めたり、時間をつくっては話しあったりしました。また、かみつきの記録をとろうと、発生時間、子ども同士の関係、そのとき保育

者はどの位置にいて何をしていたのかを記録するようにしました。その記録を参考に、

・保育者は一か所にかたまらないようにしよう
・オムツ替えや散歩、おやつのあとなど多発しやすいときは、みんなで雑用に追われないようにしよう
・日課は時差にし、手洗いや出入り口が混みあわないようにしよう
・その場を立つときは必ず声をかけあうようにしよう

などを確認しました。また、新しいあそびの展開や、子どもたち自身があそべるおもちゃの用意、無駄なトラブルを少なくするために個人用のおもちゃを作るなど、保育の見なおしや方向を話しあって元気を出しました。

保護者の意見については、真摯に受けとめつつ悩む日が続きました。そして、

・かみつきは一過性のものだけれど、「そのうち収まるから」とするのではなく、今、かまれた子、かんでしまった子、両方の保護者の思いを伝えあって、それぞれの切なさ、つらさを少しでもわかりあえるよう、かみつきをクラスの課題にしていこう
・自己主張のぶつかりあいがかみつきやひっかきになってしまうが、その子どもの「思い」はわかってあげられるようにしよう。子どもが人との関わり方を理解して、ことばで伝えることができるようになるまで、今の自己主張を保護者に許容してもらおう
・保育者が正論を話すのではなく、子育ての悩みなども交流しながら、保護者が納得して子育てのあり方などを導きだせるようにしよう

などと話しあいました。一人ぼっちの保護者がいなくなるよう保育者も保護者も話しあうことを大切にしよう、卒園までにはみんなが仲よくなれるようなクラスにしようなど

と、願いを語りあいました。

保護者の声を聞きながら、試行錯誤の懇談会

当初、懇談会は年三回を計画していましたが、保護者が忌憚《きたん》なく意見交流できるように五回に増やしました。また、なごやかで話しやすい雰囲気にするため、お茶や子どもたちの好物のおやつを栄養士に協力してもらい用意しました。年明けには新年会として、鍋を囲んで話しあいをしました。

五月の一回目の懇談会では、かみつきについて、今、クラスで起きている状況と、一歳児の発達ともいえる自己主張と関わって起こり得ることと説明し、一定の理解は得られた感じでした。その後はグループに分かれて懇談し、なごやかに話しあいとなりました。

しかし、懇談会以後かみつきが激しくなり、保護者の訴えが続きました。そこで、二回目の懇談会を準備するにあたり、保護者の考えを聞きたくて役員さんと話しあいの場をもちました。役員さんからは、「いきなりかみつきの話ではなく、まずは保護者同士が親しくなることが大切なのではないか」という意見をもらい、かみつく子のお母さんからは、「かみつき」ということばを聞くだけでかたくなになってしまう胸の内を聞かせてもらいました。それらの意見をもとに、二回目の懇談会ではかみつきに触れずに進めようと決めました。内容は、保護者同士の輪を広げることを目的に、「自分の時間がないことをグチろう」とし、司会も役員の方にお願いすることにしました。

しかし、会がはじまってすぐAちゃんのお母さんがわが子のかみつきを謝罪したことをきっかけに、次々とかみつきについての話がはじまりました。保育者は迷ったものの、か

みつきを話しあいの方向にせず、予定どおり二つのグループで、交流することを選びました。そこでは、「実家に頼らず自立したい」「夫の親と同居することを迷っている」など、さまざまな話がされ、会が終わってもおしゃべりが続くなど、保護者が仲よくなっていくのが感じとれました。

ところが翌日、あるお母さんが「先生、昨日の懇談会ってなんだったの！ 親がかみつきについて話しているのに、先生たちって何もコメントしなかったじゃない！」と意見を寄せてくれました。私たちは少々躊躇《ちゅうちょ》しながら、別のお母さんにも聞いてみると、「親同士仲よしになったからってなんでも言いあえるというわけじゃないよね。親しくなると言いにくくなることもあるよ。だから、親しくなくても話しあうべきことはきちんと話しあうのが大事じゃないの？」という意見をもらい、私たちはまたまた悩みました。

三回目の懇談会では、かみつきそのものについてではなく、かみつきを含めた子どもたちの関わりを伝えつつ、「家庭では子どもの自己主張にどんなふうに悩んだり関わっているのかを交流しよう」としました。保護者たちは少しずつ親しくなってきていて、率直に家庭でのようすを話してくれました。「ヒャーヒャー泣き続けるので、赤ちゃんとして扱ったら落ちついた」「忙しい時間にぐずられるとイライラして小突いたり放ったりする。でもそうするとまとわりついてもっと泣くので、できるだけトラブらないようにしている」という話や、きょうだいげんかの話など、リアルな関わり方が出されました。

本音を語ったBちゃんのお母さん

クラス全体としてずいぶんかみつきが減ってきたころ、こんどはかばグループの子のなかでかみつきが出てきました。きりんグループでは友だち同士のつながりが強くなり、三～四人でよくあそぶようになっていました。

一二月上旬、今までの横割グループから縦割りグループに編成替えをしました。編成直後の一か月ほど、元かばグループのBちゃんに対し、元きりんグループの子どもたちが「ダメー」「バーカ」と強いことばをかけたり、ひっかいたりする姿が見られるようになりました。Bちゃんに対して、「同じなかまじゃない」という思いと、Bちゃんが「ヤリタイ！」という思いを押しとおして割りこんだり、友だちのものを取ってしまったり、かみついたりすることに対する拒否の姿だったと思います。

Bちゃんの顔にひっかき傷が絶えず、お迎えのとき、心を痛めるお母さんと話しこむ日が続きました。そこで、「懇談会でお母さんの思いを話してみる？」と働きかけてみました。

年明け、新年会兼懇談会の席でお母さんがその思いを勇気を出して話してくれました。「Bが友だちを傷つけたり、いけないことをするので、まわりの子に警戒されたり、ひっかかれて毎日帰ってくる。Bが悪いのだけれど毎日傷を見るのはつらい。卒園までともに過ごす友だちと親同士だから、Bのこともわかってほしいし、率直に話しあえるようになりたい」と涙ながらに話してくれました。参加した保護者たちは真剣に耳を傾け、ともに考えてくれていることを実感しました。

その場での意見交換は十分できなかったのですが、翌日の連絡ノートには多くの保護者が感想を寄せてくれ、「Bちゃんのお母さんも自分と同じ思いなんだ」「勇気を出してそこまで話せてすごい！」と共感と連帯の思いが感じられました。その感想にまた感想を寄せてくれたりと、会が終わっても紙上（クラス便りに掲載）討論が続きました。「お母さん同士が本音でつきあえる、みんなでつながりあって子育てする」という保護者の関係の一歩が踏みだせた思いでした。そんな保護者が向きあう姿に、保育者は心を動かされました。

保育者の役割は、保護者同士をつなぐこと

保育者は、どの子もなかまのなかで、自分の言いたいこと、やりたいことを主張できるようになってほしいという願いをもって保育しています。でも、そこでのぶつかりあいの結果生まれてくるトラブルに、保護者はつらさや切なさを抱えています。一歳児を担当するとかみつきに出会いますが、この年ほど親たちの思いに向きあったことはありませんでした。

一人で抱えこまず、語りあってくれた保護者たちの姿勢に、保護者も保育者も一生懸命話せばわかりあえるということを学びました。子育てに正論を求めるのでなく、保護者同士が交流するなかで、それぞれが何かをつかめればいいんだと思うことができました。そして、その過程を大切にしながら保護者同士をつないでいくのが保育者の役割なんだと学びました。

保護者の思いや要求を理解するのはとてもむずかしいことです。しかし、今、一人ひとりがバラバラにされてしまいそうな社会だからこそ、子育てするなかま同士でグチったり、頼ったりしながら、つながっていける保護者になってほしいと思います。「忙しいなかで、夜、懇談会に出るのは大変！」という保護者の声も聞きつつ、やっぱり懇談会に誘っています。

初出『ちいさいなかま』2008年1月号

実践②

発表会と運動会をとおして考える……

保護者の願いと保育者の思いを重ねて保育をつくる

北海道・あじさい保育園
藤本史代

子どももおとなも主人公になる発表会に

一九七八年、開園当時のあじさい保育園で、発表会をもう一歩意義あるものにするためにはどうしたらいいかを話しあいました。地域や保護者同士の結びつきが弱くなったといわれはじめたころだったので、保護者同士、保護者と職員のつながりもつくりたい、子どももおとなもみんなが主人公になるような発表会にしよう、ということになりました。

そして、第一部を子どもの部、第二部をおとなの部とし、お昼はみんなが一品持ちよることになりました。まさにおまつりみたいだねというので、「あじさいまつり」として出発したのです。

第一部の子どもの部は、クラスごとにだしものを決めます。子どもにとっての成長の節目ととらえ、子ども一人ひとりと集団をみながら、担任の案をもとに職員同士で内容を考えます。第二部のおとなの部は、踊り、劇、うた、楽器、その他の部門別に分かれて行うことになりました。集まったメンバーで話しあって何をやるかを決め、みんなでつくりだすことに重点をおきました。回を重ねるごとになかまづくりにつなげたいし、文化としてとらえたいという思いもありました。「今年はうただったから、来年は踊りに挑戦してみよう」と、さまざまな部門に参加する保護者もいるなど、保護者も職員もいっしょにつくる喜びを実感すると同時に、職員もふだんとちがう保護者の姿に触れることができました。

「やり方がおかしい!」保護者からのブーイング

それが一〇年間続いたとき、第一部では、これまでのクラスごとの取りくみをもう一歩見つめなおそうということになりました。そして、ゼロ歳から五歳までがいっしょになって、職員も含め、畑づくりの構成劇に取りくむことになったのです。

職員と子どもたち全員で取りくむ充足感を味わっていたので、保護者にも一つのものをみんなでつくりあげてもらってはどうだろうということになり、構成劇『やまんばのにしき』をキャスト、衣装部、音響部、大道具・小道具に分かれてやってもらおうということになりました。

構成劇の練習を始めていたころ、保護者たちのブーイングが聞こえてきました。そこでもう一回懇談会を開き、「いろいろな意見が聞こえてきたので、白紙にし、再度話しあいたい」と保護者に謝りました。そして、「説明不足ではあったけれど、私たちは、子どもたちがみんなで構成劇に取りくむので、保護者の方たちにも取りくんでもらって、おとなも一つのことに力を合わせるとこんなにステキな舞台ができるということを子どもたちに伝えたいと思ったのです」と、私たちの気持ちを伝えました。

保護者たちからは「あじさい保育園は親も主人公だと思っていたのに、やり方がおかしい！」「今年は踊りに出たかったのに！」という非難の声が、どんどん出てきました。そんな意見が出つくしたときに、ある父親がこう言ってくれたのです。「脚本を読んでみたらとてもいい内容だった。脚本まで決められたのはおもしろくなかったけど、精いっぱい考えてくれたことがわかるから、子どもたちがゼロ歳から五歳までが力を合わせてやっているように、親たちもやってみませんか」と。すると、保護者から拍手がわきあがったのです。

キャストの練習をみて、大道具・小道具・衣装部などのスタッフは、どうやって道具をつくるか、どの時代に設定するか、うたは何を歌うかを相談。せっかくだからかみしもつけて歌おうとか、花道もつくろうということになり、どんどん盛りあがっていきました。『やまんばのにしき』はむずかしいから、もうちょっと笑いをとろうかという意見も出たけれど、演出のお父さんは「ダメだ。本物を伝えなくちゃダメ」とがんこでした。

結局、構成劇は大成功でした。見た人たちから「劇団を呼んだんですか」という声が出たくらいです。その後、『泣いた赤鬼』『ハーメルンの笛吹き男』などと続きました。

そして、またまた問題が出てきました。大道具・小道具の担当は舞台に出てきませんから、子どもたちは自分の親にキャストをやってほしがり、親たちも舞台に出たくなってきたのです。それなら、みんなが舞台に出て子どもたちに見せてあげようということになり、もう一度、踊り、うた、劇、太鼓などの部門別が復活して、現在に至っています。

文化は人を変える

年に一回のあじさいまつりには保護者みんなに参加してもらえるよう、はじめに全員にあじさいまつりの意義を伝え、参加申し込み書を渡します。参加を決めていない人には、職員が必ず一人ひとりに「お母さん、今年は何したい？」と声をかけます。それぞれの部の状況を職員同士で情報交換しあって、「踊りの部に来て！」と声をかけるなど、職員のねばりがあったからこそ続けてこられたのだと思います。

そんななか、一、二年は参加しなかった保護者も長いスパンでようすを見て、参加するようになってきます。自分は人との関係が苦手だと思いこんでいたお母さんも、みんながやっているのを見て安心するのか、自分もやってみようかなと思うようです。たとえば、ものすごく内気なお母さんが、「息子から劇に出てって言われ続けたんです」と、子どもが五歳児になってやっと劇に出て、「私やれるわ」と、自分でもびっくりしていました。また、子どもが五歳児になって初めて参加したお父さんが、「こんなおもしろいこと、子どもが三歳のときからやっていればよかった！」と、ものすごくくやしがっていました。

あじさいまつりは、保護者自身が一歩を踏みだす場、自分を解放するいい機会になっているように思います。まわりから刺激を受けたり子どもからあと押しされたりして、お母さん、お父さん自身が変わっていく姿を見て、私は、「文化は人を変えるんだな」と、発表会を続けてきた意味、みんなでつくりあげることのすばらしさを感じています。

運動会もさまざまな変遷が…

あじさいまつりと同じように、運動会も試行錯誤しながら見なおしてきました。

三〇年前の開園当時、あじさい保育園の運動会は、保護者も子どもも紅白に分かれ、自分たちで考えた競技に全力投球。保護者の応援団が繰りひろげる開会式の応援合戦も、あじさい名物として位置づいていました。

そんななか、一一年目の運動会の実行委員会で、「子どもたちのなかま意識が高まるときに紅白対抗で運動会をする意味はなんだろう」という疑問が出され、「子どもの視点から運動会を見なおそう」ということになりました。職員会議でも、「本番で泣いてしまって何もしないで終わる一、二歳児の姿を見ていると、紅白に分ける意味はないのかもしれない」「やりきったという充実感をどう一人ひとりのものにしていくかが大事」などが話しあわれました。また、運動会の由来を調べたところ、「日露戦争のころに、戦意を鼓舞するために生まれたものであり、幼稚園から高校まですべての段階でやっているのは日本しかない」こともわかりました。

このような話しあいをふまえ、あそびを中心にした勝敗にこだわらない内容の運動会にしようということになり、名前も「けんこうまつり」に変更することにしました。

しかし、賛成してもらえると思って臨んだ父母懇談会では「親が夢中になるあじさい保育園の運動会がなくなるなんて！」「なぜ、そんなにコロコロ変えるの？」「先生たちだけで決めていいの？」「でも、古い人が多い先生たちなのに、新しいものに変えていこうという姿勢はりっぱだと思うなあ」など、意見百出でした。

「子どももいっしょに楽しもう」とスタートしたけんこうまつりですが、保育者にとってはまさに産みの苦しみという側面もありました。内容は、日常の子どもたちのあそびを取りいれて、競技も劇ごっこ的なものに変更しました。けんこうまつり終了後、保護者からは「子どもたちはふだんのままののびのびした姿だったし、一日中、親子ともどもリラックスしてあそぶことができました」という感想をもらいました。

保護者とともに行事をつくること

そして八年後、「どろんこ遊びや川遊びで、北海道の夏をたっぷり楽しませたい」という思いから、「けんこうまつりを見なおそう」という声があがりました。

そこで、札内川河川敷でのウォークラリー（虫とり、雑草のなかでのかくれんぼ、草木染め、野花のペンダント作りなど）という案が出てきたのですが、この提案には即保護者からの反応がありました。「次のけんこうまつりでは、子どもたちがどんな姿を見せてくれるのだろうと楽しみにしていたところに、この変更。正直言ってがっかりしました。楽しみにしている祖父母になんと説明したらいいのでしょう?」というようなものでした。

保護者の思いを受けいれながら私たち保育士の思いをどう生かすか、考えました。この見なおしは、河川敷でのウォークラリーをさらに充実したものにし、また、保護者とともに行事をつくるとはこういうことなのだと、改めて学びました。

ウォークラリー開始から三年後、河川敷の環境も変化してしまい、再び、園庭でのけんこうまつりになりました。

あたりまえにやっていた「運動会」をふと、「これでいいのかな?」と悩んだことがきっかけで、さまざまな変遷をたどることになりましたが、この体験をとおして私たちは、職員も含め、父母、祖父母のからだのなかにはそれぞれの「運動会体験」がしっかり根をおろしていて、みんなその楽しさを身をもって知っているのだということに気がつきました。子どもたちは、思いっきり走る喜び、競いあう楽しさを求めていることも知りました。また、行事をきっかけに家族・親族の輪も広がります。

そして、勝敗にこだわらない日常の保育を取りいれた種目を行うことによって、わが子の成長だけでなく、ほかの子どもたちの成長にも目が向き、ともに喜びあう場となるのだと思いました。

職員にとっては厳しいこともあるけれど

あじさい保育園では、月に一度の保育会議・担当者会議で子ども一人ひとりの状況を出しあい、その年齢にとって何が大事か、何を育てればいいのか、なかま関係はどうなっているか、今、何が問題なのかを話しあっています。なんども自分の保育が見つめなおされるのですから、とても厳しい場でもあります。

そのようななかでの行事は、職員にとってはきつい部分もあると思います。「苦しい、こんな行事やめたい」という声もありました。でも、行事の取りくみをとおしてクラスが変わり、それによって保育が深まっていくことにみんな気づいてきました。行事が、まさに発達の節目として、保育の流れ全体のなかにしっかり位置づいてきているのを感じています。

これからも、子ども、保護者、職員みんなが多様な形で主人公になれる行事を大切にしていきたいと思います。

初出『ちいさいなかま』2008年3月号・2008年8月臨時増刊号

困難を抱える家庭を支える……

子どもたちのいのちと笑顔を守りたい

広島・高陽なかよし保育園
石川幸枝

保育受難の始まり

二〇〇九年四月の新学期は、予想されてはいたものの、厳しい保育受難の始まりでした。わが園の定員は一七五名ですが、四月一日から定員いっぱいでスタートしたのです。

四月以降に生まれるであろう子どもたちの入園はどうなるのか。保育実施の責任を持つ広島市の、迅速かつ積極的な具体策が求められると同時に、私たち保育園を運営している側にも具体的な対応が求められていることを強く感じる毎日で、四月以来、何が可能だろうかと、考えない日はありませんでした。

四月二日、「四月なら入園できるだろうと思って、一年間とれる育休を三月末までで切りあげたのに、入れなかったのです」と、ほかの区からわが園の一時保育を利用したいと駆けこんできたケースもあります。

明らかに、昨年来の不況のあおりを受け、生活不安から仕事へと駆りだされている保護者たち。そして、緊急の保育が求められているのです。

待機児がいっぱいで入園できず、生後二か月の赤ちゃんを託児所に預けて働かざるを得ない保護者もいます。なんとか安心して子どもを預けられる保育園にわが子をと、保育園への希望が激増しているのです。

夕食はポテトチップス

仕事に就きたくても手に職がない保護者は、なかなか定職に就けません。そんな家庭で育つＡくんは、四歳になろうとする年に入園してきました。大きなからだをしていましたが、ことばがはっきりしていなくて歯はボロボロです。でも笑顔がかわいい子どもでした。

ある日の夕方、母親が買いもの袋を両手にさげてお迎えにきました。Aくんを玄関に送りだしながら、その透けて見える買いもの袋には、ポテトチップスしか入っていないことに気がつきました。

翌日登園したAくんに、それとなく「Aくん、昨日の夜のごはんは何食べたの?」と聞くと、「ポテトチップス!」という返事。「厳しい生活だなあ。そんな生活になってしまうよね。大変だなあ」と思いました。

ある日、Aくんのお母さんが連絡ノートに「先生、仕事が見つかりそうです」ときれいな文字で報告してくれました。担任が「おめでとう!」と返事を書くと、翌日の連絡ノートには、「生まれて初めて、おめでとう!と言ってもらいました」とありました。

このようななかで、「一食でも、食事らしい食事を食べさせてあげたい!」というのが、私たちのささやかな願いとなりました。保育園の給食は、子どもが一日で摂るべき栄養の半分を提供できるからです。

そしてAくんが毎日保育園で元気に過ごすなかで、お母さんが「Aを産んでよかった!」と、親としての喜びを感じながら、子育てと仕事を両立できるようになっていってほしいと思いました。

それを応援していくことが、私たち保育園の役割ではないかと思うのです。

新年度の名簿に子どもの名前がない!

新年度を迎えようとする三月末のことです。新年度の名簿のなかに、Bちゃんの名前がありません。いくどか「二月一五日までに継続申請をしないといけませんよ」と伝えていたのに、それをしなかったために、進級できなかったのです。

Bちゃんのお母さんは手続きが苦手だったのでしょう。これまでは申請しなくても進級できていたので、大丈夫だと思っていたのかもしれません。しかし、待機児童が増えるなか、籍を切られてしまったのです。

Bちゃんは、小学生になった兄と二人きょうだいです。お母さんは困っていたと思いますが、相談もありませんでした。電話も通じず、この先どうするつもりなのか気になったので、担任に家庭訪問をしてもらいました。

家庭訪問から戻ってきた担任から、「大変！　ゴミの山の中で、二人だけでテレビを見ていました！」という報告がありました。「ごはんはどうしてる？」と聞くと、「夕べお母さんが買ってきた弁当を二人で分けて食べた」、「お風呂は？」には「水が出ないしガスも出ないので、おうちでは入れないの。病院のおじいちゃんのところでシャワーを浴びるの」と言っていたとのこと。

児童相談所に相談すべきかそれとも福祉事務所に相談すべきか、一瞬考えましたが、まずは福祉事務所に電話しました。

「お兄ちゃんの学校が始まったら、Bちゃんは一人ぼっちで家で過ごさなくてはなりません。せめて昼ごはんだけでも、保育園のあったかい給食を食べさせてあげたいのです」と訪問したときのようすと、その保護者は申請しなくても継続できると信じていたと思う旨を伝え、「籍を戻してあげてほしい」とお願いしました。

ネグレクトに近い状況ではありましたが、安定した仕事に就けないひとり親が、生活保護も受給しないで暮らしていこうとすれば、当然の成りゆきだと思います。

福祉事務所はすぐに家庭訪問をして、私たちが伝えたことを「確認することができた」ということで、Bちゃんは籍を戻してもらうことができました。そして半月後に保育園に帰ってきました。

進級したクラスで、また、仲よしの友だちとうれしそうに談笑するBちゃんの笑顔が見られるようになりました。

お母さんが保育園に相談できなかった理由

保育園の籍が切れたにも関わらず、Bちゃんのお母さんが園に相談に来なかったのには理由がありました。

現在の制度では、幼児クラスは完全給食ではないので、主食を持参することになっています。そのためわが園では、保護者から主食代（月一〇〇〇円）をもらって完全給食にしています。みんながあたたかいごはんといっしょに同じものを食べられるということで、子どもも保護者たちも喜んでくれていますが、その家庭は、その主食代を滞納していたのです。

「ともかく今は気にしないで、来させてあげて！」とお母さんに伝えることで、ようやくBちゃんが保育園に通えるようになったという、かくれた事情もありました。

不況の風が大荒れに吹きまくっている現在では、この事例と同じような子どもたちがたくさんいるにちがいありません。

朝のおむすびとHちゃんの笑顔

二歳過ぎて入園してきたHちゃんは、父子家庭で父親には定職がありません。生活保護を受給して生活を送っているようでした。Hちゃんは、とても小柄でやせています。保育園もよく休み、連絡を取りたくても電話がありません。さいわい保育園の近くに住んでいたので、手紙を書いて届けるようにしました。

人と話すことが苦手なお父さんには、私たちのことばもなかなか届かないのですが、心ひそかに、Hちゃんの成長ぶりを喜んでいるようすでした。

しかし、Hちゃんの体重はなかなか増えていきません。給食の時間も少食で、あまり食べません。笑顔もあまり見られず、ことばの獲得もゆっくりです。

そこで、私たちがHちゃんに対して大切にしたことは、まず「動けるようなからだづくり」でした。家では食事らしい食事をせず、かわりにジュースを飲んでいるらしいし、朝食を食べていないため、元気に午前中の活動ができず、その結果、お昼の給食があまり食べられないのではないかと考えました。

そこで、朝、登園したHちゃんに、おむすびを用意して、職員の休憩室で食べさせることにしました。初めはとまどっているようすでしたが、担当の先生が付きそったことで安心して食べはじめました。だんだん、朝登園すると「おむすび食べたい」と期待するようになりました。

また、毎回その世話をしてくれる保育士への愛着が生まれて甘えられるようになってくると、Hちゃんは笑顔を見せるようになってきたのです。何よりの変化は、給食をしっかり食べられるようになったことです。当然のことながら、体重も増えはじめました。

働きはじめたお父さん

次は、お父さんの働く意欲を引きだすことです。「仕事をするように話してやってください。仕事を探してあげてくれませんか？」と、福祉事務所の担当の方から保育園に電話がありました。「それも保育園の役割？」という疑問も少なからずありましたが、「働く気がないのなら、保育園に子どもさんを預けることはできないよ」と話したとのこと。確かに、仕事に就いていないのは保育に欠ける条件として問題があるわけですが、私たちから見るHちゃんは、明らかに保育に欠ける子です。

せっかく楽しそうに笑顔で保育園生活を送れるようになってきたHちゃんの成長を守らなければならないと思い、知りあいの工務店にお願いしてみました。そして、保育園で面接をして、工事の手伝いの仕事に就くことになりました。

Hちゃんのお父さんの心配は、仕事に就いたら生活保護が全部打ちきられてしまうのではないかということでした。自分には、それに見合うだけの収入を得る仕事はできないと思うがゆえに、働きに出ることができずにいたのです。

朝、保育園でおむすびを食べさせていることは、お父さんには伝えていませんでした。ところがお父さんが働きはじめてからは、働きに出る日は、朝、Hちゃんに食べさせてから登園するようになりました。「おうちで食べた」と、用意しておいたおむすびを食べないHちゃん。しみじみと、労働することのすばらしさを教えられたように思います。

今、保育制度が変えられようとしていますが、このような子どもたちを路頭に迷わせて

補充カード

取次・書店印

注文数　　部

書名　ちいさいなかま保育を創るシリーズ
いい保育をつくるおとな同士の関係

著者　『ちいさいなかま』編集部編

ひとなる書房
TEL.03−3811−1372
FAX.03−3811−1383

定価1,050円
(本体1,000円 税5%)

ISBN978-4-89464-152-5 C3037 ¥1000E

〒113−0033
東京都文京区本郷2−17−13

9784894641525

ISBN97

しまうような政策は絶対に認められませんし、私たちも現場から発信していきたいと思います。

初出『ちいさいなかま』2010年1月号

保護者と
保育者の関係を
育てるために

信頼したい気持ちを持ち続けること

東洋大学
清水玲子

保育者と保護者、お互い気をつかっているのだけれど…

子どもがすくすく育つためには、身近で関わっているおとなたちが信頼しあえる関係をつくっていくことが大切であると、私たちはよく知っています。でも、おとな同士の関係の悩みは本当に多く、しかも簡単には解決しないように思えることばかりが次々と起きているような気がします。それぞれの立場からの思いがなかなか伝わらない悩みの深さは、裏返せば、おとな同士がわかりあえた、共感できた、と実感できたときには大きな安心感、連帯感が生まれ、元気や勇気が生まれてくるということでもあるでしょう。

多くの保育園が、どうしたら保護者に保育園を信頼してもらえるか、どんな努力をしたら保護者と共同で子育てをするなかまになれるかに、日々心を砕いています。しかし、近年、行事や、毎日の生活のなかで子どもにとって大切と思われることを保護者にどう伝えればわかってもらえるのか、子どもが保育園でけがをしてしまった場合にどう伝えればいいのか、連絡帳などに書いたことが誤解されないか、保護者が怒るようなことを言ってしまってはいないかなどと、多くの保育園の職員が神経を使っているのではないかと思います。

同時に、虐待につながりかねない状況で生活をしている子どもの安全と安心をどのように守り、そのような状況にいる親をどう支えるかについても、どこまでやれるのかといった迷いや限界を感じながら、それでも子どもたちのためにと職員同士励ましあってがんばる姿もたくさん見られます。

一方、保護者にとっても、保育者との関係での悩みはたくさんあり、これは言いたいと思っても、「モンスターペアレント」と思われるのではないかと心配して、言いたいことがなかなか言えないという人もいます。

あるお母さんは、「職場で保育園に子どもを通わせている先輩たちに、こういうことを言ってもいいと思うか、こんなことを言うのは親のわがままかどうかと聞いてまわり、大丈夫！ それは言うのが当然、と言ってもらえないと苦言は言えない」と話していました。そして、保育者に話すときは、深刻そうに受けとられないように、気をつかってさらっと言う工夫をしたそうです（幸い、言われたクラス担任の保育士は、お母さんの思いと保育の課題をきちんとくみとり、職員会議でも話しあってお母さんに説明し、気づけなかったことを謝ったそうです。信頼関係がそのことによって深まった事例です）。

ふだんは気軽に話せていても、気になることについてはどう思われるかを心配して、なかなか思っていることが言えないのが現在の多くの保護者の気持ちかなと思います。

お互いこんなに気をつかっているのに、なかなか本当に安心してものが言いあえる関係になれないのはどうしてなのでしょう。どうすればもっと確かな絆が結べるのか、保育園と保護者の関係の問題を整理して考えていきたいと思います。

初めて入園してくるとき、保護者にとって保育園はどう見えているか

近年、「保育サービス」ということばが保育に対して簡単に使われるようになり、これ

から申しこもうと思っている保護者にとっては、お店で商品を選ぶように、また、レストランを探すように、インターネットなどで保育園を探すことがあたりまえのようになっています。インターネットで探すことは情報の入手という点では問題ないのですが、まだ子育てがこれから、という時点で保育園を選ばなくてはならず、どんな保育園が子どもにとっていいか正直よくわからない、と思う親もたくさんいるでしょう。そのため、そこについている第三者評価の結果を見たり、口コミを参考にしたり、わかりやすい保育活動をたくさんしているところがよいかなどと考えて、自分で判断しなくてはなりません。保育園に子どもを通わせていた経験があれば、何が大切か、それなりに意見ももてますが、保育の勉強をしてきたわけでもなく、子育てについても初めてで、これから子育てしていこうとしている人たちが、自分たちだけで選ぶこと自体に無理があるともいえます。

そして、「サービス」ということばでイメージされやすいのは、どれだけのお金を払うと、どんな保育サービスを受けられるのか、といったサービスの売り手と買い手、という関係なのではないでしょうか（サービスということばが本来、保育の商品化を意味するものであるかは専門的には議論の余地があるのかもしれませんが、一般的な実感としてはそう感じる人が多いと思います）。もちろん、お店だってその関係は対等で、お互いに良心的であるべきですけれど、保育は保護者と保育者とが共同で子どもを育てる営みであり、その内容は両者でつくりあげていくべきもので、並べられた商品とコストから折りあいをつけて買う、といったものではないはずです。

つまり、何をもって選んだらよいかの選択基準が保護者一人ひとりにわかりにくいのにも関わらず、それぞれの責任で選んだという形のなかで、子どもがどんな毎日を送ることになるのかわからない不安と、選んだからには対価に見あったサービス（？）をしてくれて当然だ、という思いを抱いて、保護者は初めて保育園と出あうことになるわけです。果たして、ここの先生たちは、わが子をちゃんと見てくれるのだろうか、十分な世話をしてもらえるのだろうか、自分が見ていない時間にどんなふうに過ごしているのか、保育者たちがどういう人たちでどんな仕事をしているのかもわからないなかで、大丈夫なのだろうか、自分の選択はまちがっていないのだろうかと大きな不安があります。それらがわからない間は、ちょっとの行きちがいでも、ちいさな傷でも、着替えの入れまちがいでも、お迎えにいったときにわが子が抱っこされていなかったということ一つでも、その不安をどんどん膨らませてしまう要因になるのです。

保育園はまず、それぞれの保護者のその出発点の不安をキャッチし、何がわかると少しは安心できるのかを、ていねいに把握するところからはじめなくてはなりません。そしてそれは、保護者が未熟だったりするということとはちがうのだと理解していなくてはならないでしょう。

それぞれの園でいろいろな工夫と努力をされていますが、この初めての不安を少しでも和らげるためには、早いうちに、できれば一日、無理でも半日、保育参加などをして保育園のようすを知ってもらい、質問などもしてもらえるとよいですね。それが全員はむずかしくても、写真やビデオ、具体的なその日のようすを知らせるお便り、壁に貼ったニュースなどで、保育園の生活とそのなかでの子どもたちの姿そのものを知ってもらうことが一番です。その際、保護者がどんな不安や思いをもっているかはわからないので、一人ひとりの子どもの姿を具体的に伝えることが大切です。ほんのちょっとした時間でも顔をあわせたらその子の姿を話題にすることを、コミュニケーションの一歩としたいですね。

保育園と保護者とがうまくいかない、ということにもいろいろある

保護者と保育者との関係がぎくしゃくするときにもいくつかの場合があります。一つは、保育者がミスや失敗をしたときです。たとえば、アレルギーがあるのにその対象となる食品をまちがえて食べさせてしまった、というようなケースです。保育者の不注意からけがをさせてしまったり、保育者の勘ちがいから、子どもにいやな思いをさせてしまったりする場合も同じようなケースになります。

保育者の側に失敗があることが明らかなとき、保護者にどのように話すかはテクニックの問題ではなくなります。そのミスがどういう状況で起きたのか、事実を正確に伝えて心から謝罪することと、けがなどについてはどのような処置をしたのかを、これも正確に伝えることが子どもにとって最も大切なことです。そして、すぐには無理な場合もありますが、必ず再びそのようなことが起きないために保育園みんなで何を反省し、どんな対策をとったのかを保護者に報告する必要があるでしょう。

ある園で、子どもがテラスにつけてあるタオルかけの端にひっかかって額を幾針か縫うけがをしたことがありました。保育園は謝り、医者への通院も保育園で行うと申し出たの

ですが、肝心の危ないタオルかけは何日もそのままにされていました。その保護者としてはすぐ取り替えるか、少なくともひっかける可能性のある先端にテープを巻くだけでもすぐに行うべきなのに、どうしてそういうことがなされないのかと保育園に不信感をもったというできごとでした。そのときは保護者がそのことを率直に伝えたことで、保育園側は本当にそうだったと反省し、すぐにテープを巻き、その後危なくないタオルかけに替えたということでした。それでも、先生たちと仲のよかったその保護者は、なぜ、あの先生たちがそのことに気がつかなかったのか、やはりだいぶがっかりしていました。むやみにピリピリすることは避けたいですが、専門性といえる安全確保がなされていると思えなければ、保護者にとってはすべてが危なく見えてしまうかもしれません。

二つめは、保育者の日ごろの保護者への理解の足りなさがことばや態度に表れて、トラブルになるというものです。保育者の側から言えば、そんなつもりはなかったのに…というケースが多いかもしれませんが、それは、たいてい、ちょっとことばの行きちがいがあったというものではなく、日ごろの感覚が出てしまっていることが多いかと思います。

以前、『ちいさいなかま』の特集のなかに、朝のおやつのとき、遅れて登園してきた子どもに「もう少し早くおいでよ。みんなといっしょに食べよう」と言うと、お母さんに「朝、遅いのは私のせいです。そんなこと、子どもに言わんといてください」と涙を浮かべて言われてしまった例が出ていました。保育者としては、子どもにとってそのほうがよいから早く来てほしいと思うので、このようなことを伝えることはまちがっていないと思われる方もいらっしゃるかと思います。でも、このお母さんのように、その家庭の生活や、親が必死で今をなんとか生きているその思いをキャッチできれば、このときに出てくることばは自然にちがったものになると思うのです。このような場面を経験している保育者は案外多いと思います。この場合はすぐに、ほかの先生の助けを借りて自分の理解の足りなさを謝ったとあり、みんなで考えあえる職場であることが大切だとわかる例でもあります。

三つ目は、誰が悪いというわけではないけれど、お互いの思いが伝わらない、または誤解されてしまったというケースです。筆者が『ちいさいなかま』の連載「保育アッ！とランダム」で「モンスターペアレント」についての回に出した例ですが、お迎えのときのひとことがお母さんのふだんは蓋《ふた》をしていたであろう思いに触れてしまい、翌日何ページにもわたって書かれた連絡帳を見ても保育者は何が原因かがなかなかわからなかったというような事例です。このお母さんはパートで働いていて、いつも早くお迎えに来るので、「お迎えが早いとゆっくり関われて子どもにはいいね」という意味のことをあいさつ代わりに言ったことが、「本当はもっとばりばりと自分の力を発揮して働きたいのに…」と思っていたお母さんの気持ちを傷つけてしまったのでした。

最近、似たようなケースですが、いつも遅いお迎えのお母さんが、たまたま早くお迎えにきたとき、子どもに「きょうは早いお迎えでよかったね、うれしいね」と声をかけたところ、翌日の連絡帳に何ページも抗議の文章が書かれていたということを聞きました。いつも遅いお迎えだけれど、自分としては必死に急いでお迎えに来ているつもりであること、先生はだめな母親で子どもがかわいそうだと思っているのだろうけれど、精いっぱい子どもをかわいがっている、これ以上はどうにもできない、といったことが書かれていたそうです。いつもお迎えが遅いことをお母さんが気にしていたのかもしれませんし、お迎え時間の遅い親を見るまなざしが保育園全体としてどうだったのかを点検する必要があるのかもしれません。

保育者にとってみれば、二つ目と三つ目の区別は実はなかなかできません。「そんなつもりじゃなかった」という気持ちはどちらも同じで、自分が言ったことの何がいけなかったのかは即座に判断できないからです。そこがわからないと、本当は怒ってしまった保護者のほうが理屈にあっていないんだけれど保護者だから謝るしかないか、といった解決の姿勢になり、そのような姿勢はどこかで保護者に伝わり、保護者としては謝られてもすっきりしないという実感になりがちです。そのことを通じて、お互いの理解が少しでも深まるようにと考えたら、保護者の気持ちをとにかくもっと知ろうとするでしょう。

また、あじさい保育園の実践のように、共同で行事をつくりあげてきた歴史をもっていたけれど、それに慣れて、そのことの何が大切なのかがあいまいになっていたようなケースもあります。「保護者は対等なパートナーである」という意識がもしかすると薄くなってはいなかったかと、保育園に気づかせてくれた貴重な保護者会があるのですね。園と異なる意見をちゃんと出せて、しかもそのことを話しあえる保護者会を保護者といっしょになってつくることが、関係を育てるためには大切です。

保護者の反応が予想外だったときは、ほかの先生たちに正確に事実を伝えながら、いっしょに考えてもらいましょう。そして、しんどくても直接相手と向きあって思いを聞くことが必要です（そのことがとても大変なら、誰かにいっしょにいてもらいましょう）。

四つ目は、保護者がいろいろな誤解をしたり、不正確な情報などでトラブルになる場合です。これは、一つのできごとというわけではない場合も多く、人間関係にまいっていて不信感が強くなってしまっている、といった保護者側の状況によるものも多くあるため、そのこと一つで誠意を示しても、簡単に雪解けのようにはならなかったりするケースです。それでも、保育園としては、子どもを大事に受けいれて保育をしていくことをベースにしながら、保護者のことも気長に受けいれていく姿勢が必要でしょう。なぜなら子どもはそうしたおとなの間で毎日生きているからです。

どうしてそのような誤解が生じるのかについては、たとえば職員間の気持ちのずれなどが要因になって、つい、親しい保護者に愚痴のようなことをしゃべったことが姿を変えておかしな情報が交錯してしまうなどといったこともあるかもしれません。これは、保育園が担任まかせにしたりせず、園としてどんなことが大切なのかを考えながら、職員としての責任の持ち方などもみんなで考えあい、学んでいく必要がある事例になるでしょう（もっとも、どの事例もそうですけれど）。このようなときに、頼りになる保護者会があると、保護者同士でも誤解を解くのに力になってくれたりもします。

おとな同士のいい関係のために

以上、保育者の側から整理してきました。どんな形でもいいからとにかくわかりあうための行動を起こすことが大切です。

ポイントは、「あの保護者はああいう人だから」とあきらめず、「子どものために、よりよい保育園になってほしい、よりよいおとなの関係を育てたい」と本気で思って行動することでしょう。すぐには伝わらないときもあるけれど、少しずつでも話しあえたりわかりあえたりできるようになると思うのです。

なぜならば、私たちが子どもを真ん中にして信頼しあい、連帯を築いていくことは、保育をする者にとっても親にとっても本当の要求だからです。

保育者・職員同士編

思いをわかりあうって？

実践①

保育をとおして認めあえる集団を……

お互いを理解しあう職員集団って？

神奈川・横浜市かながわ保育園
山田唯史

駅から徒歩一分、ビルのなかの保育園

横浜市かながわ保育園は、駅から徒歩一分のビルの三階にあり、横浜市としては初めての公設民営の保育園です。園児一一三名を午前七時から午後九時まで保育しています（ゼロ、一歳児は八時まで）。

ビルのなかの保育園ということで、園庭が狭いこともあり、ゼロ～五歳児まで日中や夕方には毎日のように散歩に出かけています。そんななかで、一歳児はエレベーターを使って散歩に出て行くのですが、子どもたちに危険のないよう、保育者が緊張するときでもあります。

二〇〇五年度の一歳児クラスは、男児七名、女児一二名（新入園児三名）、一時保育一名の計一九名で、担任は五名（一年目、四年目二人内一人がリーダー、五年目、八年目）です。

期待いっぱいのスタートだったけれど

新学期を迎えるにあたり、新担任で話しあいをもち、一歳児の発達やそれぞれが保育をしていくうえで大切にしていきたいことを出しあいました。「自我はたっぷり出させてあげたいね」「できるだけ待ってあげたいね」「あんなこともやってみよう！」など、期待に胸をふくらませて新年度のスタートを切りました。

しかし、新入園児を迎えたことや新しい環境になったことで、おとなも子どもも緊張や不安があり、なかなか生活のリズムが整わず、眠ったまま登園する子や、思いどおりにな

らないと長時間目をつぶって開けようとしない子どもがいたりと、初めのうちは一日を無事に終えることが精いっぱいで、あっという間に日々が過ぎていきました。

　そのようななかでも午睡中を中心に、四月当初から気になる子どもに対して「どうやって対応していこうか」などと、話しあいの時間をもちました。ただ、子どもが起きると当然対応をするので、全員で顔をつきあわせてということは少なかったと思います。

お互いに「わかったつもり」に陥って

　夏になると、あそびのなかでからだを自由に動かせることが楽しくなった子どもたちの姿が見られました。プールに一度入ると「でなーい」の声がたくさん聞こえてくるようになり、友だちへの意識も少しずつ出てきました。数人で手をつなぎ、うたやリズムにあわせて水の中にしゃがみこんだりする姿も見られるようになってきました。

　友だちとの関わりや保育者を含めた小集団でのあそびが出てくるなかで、複数のおとなの提案が目立つようになってきました。この時期は、子どもにもおとなにも「プール」という一つの向かうものが明確にあったので提案が多くても機能していましたが、それでもリーダーやサブなどのそれぞれの役割がぼやけてしまい、子どもたちにもとまどいが見られるようにもなってきました。

　また、話しあいのなかで、「こういうのはどう?」とアイディアは出るものの、最終的には「やってみよう!」とはならずに終わってしまうことも少なくありませんでした。それは、「子どもにとってどうなのか」ということよりもおとなの思いが強く、自分の意見を譲れないことによって方向性がまとまらなかったことが、実践に移せなかった要因の一つだったように思います。

担任同士の年齢が近いということもあり、四月当初から言いたいことを言いあえる関係ではありました。しかし、保育のなかで気づかないうちにほかの保育者に寄りかかっていたり、リーダーが引っ張り切れなかったり、またはそれに対してサブが必要なフォローができなかったりと、お互いに「わかったつもり」でいることが多く、真にお互いを理解し認めあえてはいませんでした。

けがが続いてしまった時期もありました。「どうして起こってしまったのか?」「改善していくためには?」と、そのつど話しあいを重ねていたにも関わらず起こっていたのです。遅番になった保育士は「きょうは何もなかった?」とドキドキしながら保育室へ入っていくこともあり、それぞれが「どうしたらいいのか?」と日々悩みながら保育をしていました。

子どもたちが自信をつけてきたこともあり、ちょっと背伸びをしてみたことで起きてしまったけががもありましたが、「○○先生が見ているだろう、やってくれるだろう」と、お互いに寄りかかっていたことも一つの原因です。あとから考えれば「防げたけが」というのもあったように思います。

どうしてわかってくれないの?

子ども一三人を保育者三人で公園に散歩に行ったときのことです。路地でなかなかすすまない子に対して、私が一対一でついていました。先に公園に着いていた保育者は私に「なんで?」と思いをぶつけてきました。それに対して私は、「今は一対一で関わってあげたい」という思いはあったもののまわりが見えていなかったこともあり、そのときは「そうだった、ごめん」と謝ってその場は終えました。けれど、相手の保育者にとっては、思いをぶつけたのにそれに対して思いが返ってこないことに「なんで？」とフラストレーションが募っていたのです。一方、私は私で「思いがあってしているのにどうしてわかってくれないのか」と一人よがりに感じていたのでした。

言いたいことを言って、話しあいもほぼ毎日行っていたけれど、お互いの思いにまで深くふみこんではいませんでした。子どもをとおして「どうしてそういう対応をしていたのか」「ほかの人がどんな思いでいるか」という相手の思いや言いぶんにまで耳を傾けていなかったのです。「どうしたらいいのか」が見えない状況で、「もうお互いの思いをさらけ出してぶつけあうしかない」と思い、園長や主任にもオブザーバーとして話しあいの場に入ってもらいました。そこでは、それぞれの思いを出しあいながら、リーダーやサブなどの役割を明確にしていきました。お互いの思いをぶつけあっていくなかで、今まで気づいていなかった自分の思いも出てきました。

実践をとおして思いや問題を整理

その後、お互いが思いをぶつけあい、問題点を整理していったことで、話しあいの中身も変化していきました。

毎日少しずつでも五人で顔をつきあわせて話せる時間をつくっていくというスタンスは継続し、やってみたことに対して「何がよくなかったのか」「それじゃあ、次はこうしてみよう」と、必ず保育を具体的に振りかえって、次へつなげていくようにしました。

また、アイディアを実践→反省→実践という形で実践に移していくことで、リーダーが「これをやってみる！」と引っ張り、サブがそれに対して「こういうことがしたいのかな?」「それには○○なフォローが必要だ」と相手の思いを保育をとおして考え、理解していくようになりました。そのなかで、以前のような「わかったつもり」ではなく、子どもを真ん中にして真に認めあえる関係が少しずつできはじめていったように思います。

たとえば、「からだを動かそう」というねらいのもとに、「走るためには…」と考えていくなかで「追いかけるだけじゃダメだった」「じゃあ、あしたはしっぽをつけてみようか」「やってみたけどあんまりのらなかったね」「ごっこあそびのなかに取りいれてみようか」などと、話しあいを重ねました。

もちろん、うまくいかなかったこともたくさんありました。しかし、たとえば「オオカミとブタごっこ」では、室内外問わず一日一回は取りいれてみると、子どものなかで盛りあがり、戸外では保育者が息を切らすほど走ったこともありました。

また、運動面で自信をつけていったり、少人数で行えるように工夫したことで、手指のあそびなどをじっくり取りくめるようになってきました。そんななかで子どもたちは、「ジブンデ！」と自我も強くなってきて、「今は一対一で関わってあげたいな」ということも増えてきました。

以前だと、お互いに自分の思いが先行してしまうことも多かったけれど、子どもたちを中心にして「今は一対一で関わってあげたいんだな」というほかの保育者の思いがわかったり、「見ていてくれる」という安心感をもてたりと、それぞれの思いに耳を傾けられるようになっていきました。

子どもたちの成長に支えられて

四月当初の「お互い言いたいことを言いあえる関係」＝「いい関係」は、確かにそのとおりです。けれど、保育をしていくうえでいい意味での「必要な緊張感」も欠けてしまっていたように思います。

お互いの思いをぶつけあってから、保育をとおして、子どもをとおして、お互いを理解し認めあっていくなかで、少しずつだけれど、本当にいい関係を築いてこれたように思います。

振りかえってみれば当然のことなのですが、おとな同士の関係が真に「いい関係」でなければ、少なからず子どもたちにも影響を与えてしまいます。悩みながらも子どもたちの成長に支えられてやってきたなかで感じたことは、子どもたちにとって（乳児はよりいっそう）、そこに関わるおとなたちも、重要な環境の一部だということです。

子どもたちの成長のなかで、私たちおとなも成長させてもらった一年間でした。

初出『ちいさいなかま』2007年11月臨時増刊号

実践②

主任保育士の役割を考える……

世代をこえていっしょに保育をつくりたい

大阪・新金岡センター保育園
吉住とし子

事務処理や雑務に追われる主任の仕事

新金岡センター保育園は、大阪府堺市にあります。定員一二〇名（ただし、定員の弾力化で毎年一四〇名前後の子どもが在園）、産休明けから就学前の子どもたちが、朝七時三〇分～夜七時一五分までの長時間保育のなかで過ごしています。地下鉄の駅から徒歩五分という利便性のよさから長時間保育の子どもが多く、堺市への補助金申請のときに、延長保育の子どもの人数を見て、担当課の方が驚かれるほどです。全保育時間にわたって子どもたちが安心して過ごせる保育体制をつくるために、正規職員とアルバイト職員、時間パート職員あわせて総勢四〇名の職員がいます。

私は保育士生活二三年、主任保育士生活九年目の年を終えました。主任保育士の仕事は、時差勤務で働く職員のパイプ役となりながら、職員集団の要として保育をつくっていくことが求められます。各クラスの保育計画や評価・反省を書くにあたっての援助・指導、各種会議の運営、研修計画、保護者や来客への対応、勤務表の作成、実習生の対応など、主任の仕事は多岐にわたっています。センター保育園では、主任をクラス担任との兼任にせず、専任の主任とすることで、全クラスの保育を客観的に見て指導的な役割を果たすという位置づけにしています。

主任になったばかりのころは、保育に関わりたいという思いをもちながらも、新たに自分に課せられた事務処理や雑務に追われていました。

朝、出勤すると待ち構えていたように保育士からの相談があったり、保護者や実習生、来客の対応があります。ひととおり終えて各クラスの子どもたちのようすを見てまわり、忙しそうにしているクラスの手伝いをして、事務所に戻るともう給食時間。席に座る間もなく幼児クラスの給食指導の応援のためにランチルームへ。午睡時間は各種会議の運営に、慣れない事務処理…。ふと気がつくと、一日自分は何をしていたのかという疲労感をもつこともありました。

また、保育内容についても、自分のクラスを自分で立てた計画で運営していくのとはちがい、クラス担任が立てた計画について意見を言ったり、保育を見て気づいたことを言うというのは、とてもむずかしいことです。

そんななか、なにげなく言ったひとことが、「主任に言われました」「主任に聞いたんですが…」と言われ、そんなつもりではなかったのに…と自分の発言のもつ重みをまわりの反応から気づかされ、反省することが多々ありました。

「できていることを評価してほしい」と言われて

主任になって二年目の年のことです。保育のなかで気づいたことや連絡事項を伝えるだけでも必死の毎日で、自分の仕事のあり方はこれでいいのだろうかと迷いながらも、自分なりの仕事のリズムができつつありました。そんななか、職員会議で「もう少していねいに、できていることを評価しながら言ってほしい」と、厳しい声が出ました。突然の発言に頭のなかは真っ白。自分なりに精いっぱいやってきたつもりだったのにこんなふうに思われていたのかと思うと、とてもショックでした。

「私にはもう無理！　主任を誰かに代わってもらいたい！」という思いでいっぱいになってしまい、なかなか前向きになれない日々が続きました。この問題をどう解決するのか、園長、副園長と話しあい、この間の問題点を整理しながら、「職員会議で出た意見だから職員会議でもう一度話しあおう」ということになりました。

会議のなかでは、「主任が忙しいなかアドバイスをくれたり、手伝おうと努力してくれているのはよくわかる」「仕事の評価は自分でするもの。評価してくれないなんて甘えじゃないか?」「評価してほしいとか、してくれないとか受身になるのではなく、悩みもがんばっていることも含めて、自分たちからアピールしていこうよ」という意見が、若い職員のなかから出てきました。

最初に意見を出した職員からも、「ことば足らずの発言になってしまった。もっと日常的に自分からも相談に行きたい」という意見が出ました。一人の職員の突然の発言からわき起こった波紋でしたが、みんなで議論することで、職員集団のあり方について真剣に考える機会となりました。

私自身も、「主任として自分がどうがんばるか」ということばかりにとらわれて、「自分も職員集団の力に育ててもらっている」ということに思いが至っていないことに気づきました。「主任の仕事はみんなを支えるだけでなく、みんなに支えられている!」ということに気づき、肩の力を抜くことができました。

相談したり、いっしょに保育したりするなかで

この会議以降、職員が事務所に相談に来ることが増えました。私自身も若い職員に言わなければならないことがあるときや、厳しく言いすぎてしまったかなと思うときには、中堅の職員に、「こんなふうに言うてんけど、どう思う?」「悩んでいるようだったら相談にの

ってあげて。主任が心配していたよって言うといて」と、相談するようにしています。そうすることで、自分とはちがう世代の考え方を客観的にとらえられるようになり、中堅職員を頼りにすることで、次のリーダーとしての視点を育てることができると思います。

また、気づいたことを言うだけでなく、クラス担任の悩みを聞きながら、私自身がリーダーになり担任に保育を見てもらい、意見をもらうということもしています。「こんなふうにしてはどうか」「こんなことを大切にしよう」などと、ことばのやりとりだけでは、お互い一致したつもりでも、実際の保育を見るとイメージしていたこととぜんぜんちがうということがあるからです。

若い職員が多いなか、サブとしてフォローするだけでなく、実際に私が計画を書いて保育をして見せ、そのことについていっしょに評価、反省をするという方法がわかりやすいようです。日ごろ、担任の保育を見て「うらやましいな。私だったらこんなふうにするかな」「私も保育がしたい！」と思っている私にとっても、実際に自分で計画を立ててやりたい保育ができるというのは、とてもうれしいことです。

保育をしたあとは、担任に保育を見て気づいたこと、私が意図したことを話すということを大切にしています。若い人に見てもらう保育だからと力を入れて保育をするのですが、なかなかうまくいかないこともあります。「せっかくの機会だったのに…」と少し落ちこみながら感想を聞くと、「先生でもうまくいかないことがあると思うとホッとしました」という感想をもらいました。

先輩保育士もときには失敗したり、苦労しながら保育をする姿を見るというのも、若い保育士にとっては肩の力が抜けるよい機会になるようです。

いきいきと働ける職場づくりを

保育士の仕事は、なかなか区切りがつきにくい仕事です。職員会議や各種会議を効率よく時間内に終えるために、事前に全体のようすをつかみ、必要なレジュメの準備をする、行事のときなど準備が時間内に終わらないクラスがあれば、みんなに知らせてみんなで手伝って短時間で終わらせるなど、職員の健康を守るというえでも工夫をしています。

法人の姉妹園が増えるたびに、センター保育園の職員集団がずいぶん若くなりました。保育や情勢学習などの情報も伝えながら、自ら学びたいと思う意欲をどう育てるかなども大切にしています。

世代をこえて職員同士の関わりを楽しみながら、私もみんなとともに育っていきたいと思います。

先輩からの保育を受け継ぎ、次に伝えることを大切に

以上の実践は、『ちいさいなかま』(二〇〇八年七月号)に掲載されたものに、少し加筆をしたものです。二〇一〇年度はようやく中堅といわれる年代が育ってきています。また、保育園にわが子を預けながら働く職員も増えてきているなかで、子育てしながら元気に働き続けられる職場づくりが課題となっています。

今、センター保育園では、職員の一〇〇%、保護者の六〇%が『ちいさいなかま』を購読しています。この実践が掲載されたとき、何人もの保護者から「先生も大変なんですね」「私も仕事で責任ある立場にあるから気持ちがわかるわ」「お互いがんばろうね」とい

う励ましの声をかけていただきました。日ごろは保育士と保護者として子どものことを話すことが多いのですが、ともに働くもの同士として、共感しあえる機会となりました。また、たまたま参加した研修で、「先生の実践読んだよ」と他府県の方から声をかけていただいたりもしました。

忙しいなか、原稿依頼を受けるとつい引っこみ思案になってしまいますが、いろいろと課題はあっても自分の実践をまとめ、発信することの大切さを感じます。

二〇一〇年度は、園長の交代に伴い、私も主任から副園長になって、また新しい役割を担うことになりました。今は給与計算やさまざまな管理業務を覚えることで精いっぱいの日々を送っていますが、前副園長（新園長）から根気強くていねいな引き継ぎを受け、新主任や次のリーダー保育士たちに保育を任せながら事務机に向かっています。園庭に響く子どもたちの歌声や笑い声を聞くと走っていきたくなることもありますが、「それぞれの持ち場で役割をしっかり果たすことが、保育園の民主的運営の第一歩」と、はやる気持ちを抑えてがんばっています。

自分が力を発揮するだけでなく、先輩たちから保育を受け継ぎ、次の世代にていねいに伝えていくということが、私たちの世代に求められていることだと思います。

初出『ちいさいなかま』2008年7月号

公立保育所を受託しての保育づくり……

実践③

私たちにできることは何かを探って

愛知・けやきの木保育園
平松知子

保育者も子どもも新人ばかり

けやきの木保育園は、名古屋駅にほど近い名古屋市中村区にあります。年末になると、全国から派遣切りにあった人たちが集まり、連日仕事や配給を求めて区役所前に長蛇の列をつくる街です。けやきの木保育園は、名古屋市で初めての公立保育園民営化によって受託、二〇〇七年四月に開園しました。同じ法人ののぎく保育園と、廃園された公立保育園、そして地域で活動してきた杉の子共同保育所からの合わせて三園の保育者一〇名と、開園時に採用された新人職員一〇名の職員集団でスタートしました。子どもの定員は一一〇名で、朝七時一五分から夜二〇時一五分までの保育時間です。

二〇名の職員集団のうち、保育経験者と新人が半々の割合。でも、一〇名の経験者から園長・主任・幼児一人担任・給食室リーダー・子育て支援担当・フリーを出せば、乳児三クラスは、ほとんどが新人職員ばかりとなりました。ベテランの共同保育所出身の保育士や主任がはりついて乳児保育を応援しましたが、開園時は子どもたちも集団保育が初めての子どもばかりだったので、園長である私も含め、ほぼ全員が背中に子どもをおんぶして一日を過ごしていました。まさに必死の保育で、本当に全職員での奮闘が毎日続いていました。

お手本がいない!

民営化で「保育の引き継ぎ」というものを経験した私は、その園その園の「保育の質」といわれるものは、まさに「文化」なのだと感じました。自分の保育者人生を振りかえってみても、いっしょに組んだ先輩保育者から「子どもの見方」「大事にしたい視点」「豊かな時間を紡ぐさまざまな保育方法」を、身近に手本を示してもらいながら会得していきました。それがいつのまにか、自分らしさを合わせつつ「私の保育」になり、「わが園の保育」を形成していく。子どもや親・職員との新しい出会いとこれまで培ってきたものがあわさって、また新しい文化がつくられていく。これこそが「保育の積み重ね」となっていくのだと思います。

しかし、職員集団の半数が新人の場合、この「先輩とともに保育をつくりながら」の段階が保障されません。いっしょに組む職員もまた新人なのです。わからないゆえに、子どもの次から次へとあふれ出る要求の姿に、「頭が真っ白」「フリーズ」（新人職員曰く）してしまうのです。現場ではベテランが掛け持ちで各クラスの保育に入りますが、毎日の保育を回すのに手いっぱいの現状が続きました。

「お手本の先生がいないから、本当にしんどいです！」。運動会までなんとか張りつめてがんばった一人の職員が、秋の合宿で泣きながら訴えてきてくれました。「自分じゃなかったら、この子はこんなふうに荒れないで楽しくあそべるのではないか」という自責の念でどんどん行き詰まり、自信なんてこれっぽっちももてない、何より「保育が楽しい」と思えなくなりそうな、切羽詰まった表情でした。

学習と記録を軸に保育の手がかりをつくる

お手本となる先輩と保育ができない現状は変えられないなかで、私たちが力を入れたのが、学習と記録でした。発達の基礎からわらべうたや手あそびなどの保育技量まで、とにかくみんなで夜集まって自主学習会を開きました。むずかしい発達の本も、現場の子どもたちの姿と照らしあわせながら考えると、「あ〜そういうことだったのか」「これは『発達の姿』だったのだ」と、どの保育者もむやみに悩むのではなく〝科学的に分析〟する視点をもてるようになっていきました。

「子どもの姿がいろんなことを教えてくれる」と思えたら、毎日のできごとをただ流していくのではなく、しっかり記録して分析していく習慣をつけていくようにしました。記録にして、職員みんなのテーブルに乗せることで、新人たちは「わかるぅ」と共感したり、「自分はこんなふうにはしなかったかも」と自分に引きつけて考えるようになったり、ベテランも具体的な助言ができるという、実に「お得」な時間となりました。記録を読み解くことによって、「どんな行為にも必ず理由がある」ことをつかみ、「受けとめること」「その子の本当の願いをいっしょに探ること」の積みあげが、しだいに共通認識になっていきました。

この学習と記録をとおして、みんなで学び検討していく形ができていきました。職員会議でも必ず子どもの姿を出しあって確認しあうようにすることで、どのクラスの保育も全職員が知っている安心感がつくられていきました。まさに、「保育は一人でするものじゃない」ことを実感できるよりどころとなっていったのです。熱のこもった長時間のまとめ会（記録検討）のあとに、「あ〜、まとめ会サイコー！」と、合宿で泣いていた職員が背を伸ばしながら言っているのを聞いて、本当にうれしく感じました。

これらの取りくみは、自分たちの実践を「明日の保育の手がかり」にしていく大切な営みでした。伝統や積み重ねがある保育園ではないけれど、出会った人たちによる新しい

いきました。「保育の積み重ね」を自分たちでつくっていく、そんなけやきの木スタイルが確立されて

忘れられない職員会議

壁に突き当たったら、記録で論議。一つの記録を、みんなが自分のこととして考えあう気風ができてきた二年目の冬。私たちにとって、忘れられない職員会議がありました。

二回目の卒園式を間近に控えた二月の職員会議（まとめ会）。五歳児の一年の保育の締めくくりが近づいても、些細なことで崩れ、気持ちを伝えることが「荒れ」としてあらわれるKくんの姿をみんなで考えあっていました。開園時に四歳児クラスに入園して二年間、職員はずっと見守り考えてきた子です。父子家庭で、朝一番に登園し毎晩夕食保育でがんばっているKくんを、担任はそばで寄りそい支えてきました。しかし、友だちを求めながらもそんな気持ちはよく途切れ、なかまと何かをやりとげるまでの集中力も、トラブルを乗りこえるための人に向かう気持ちも、なかなか持ち続けられない苦しい姿が卒園を前にしても続いていました。「寄りそうだけではダメなのか?」「Kくんにとっての安心感ってなんなのだろう?」そんな問いが、ベテラン保育士である担任をも苦しめていました。

ケンカをしたときに、気持ちを言いあっても相手の気持ちがなかなか心に染みない感じのKくん。「一番」への異常なこだわり、強い依存性、「荒れ」たときの冷たい視線、認識の弱さなど、日ごろのようすからKくんの本当の気持ちを探る論議を積み重ねていきました。そのなかで、春まつりの劇あそびのときに短期間で激変した劇の演出や構成に、Kくんはついてこられなくて困っていたのではないかということに気づきました。思いを馳《は》せ

てあげられなかった…。真黒に塗りつぶした春まつりのKくんの絵が、私たちに重くのしかかってきます。

それにしても、劇づくりの最中も、Kくんの提案にみんなが乗ってくれたり、なかまのなかで認められたりする姿が何回もあったけれど、ほかの子に比べて、そんな「認められ感」や「安心感」がなかなか持ちきれないのはなぜなのだろう？　と考えあいました。

Kくんの分析をするときに、家庭環境は重要なものでした。どの職員よりも長く保育園にいる保育時間。夕食保育のあと、父さんがお迎えに来て自転車で帰る後ろ姿を見送りながら、家に帰ったら温かいおふろや布団に父子で入っているのだろうと思っていました。しかし実は、帰宅後もKくんに背中を向けて父さんは内職をしていることを担任がつかみました。早朝から一一時間以上働いてもなお、内職をしなければならない事情。ワーキングプアの現実を目の当たりにした職員たちでした。

そして、けやきの木に入園する前のKくんの乳児時代にも思いを馳せました。保育所に入園できず、ビルの一室の二四時間託児所に二歳まで預けられていたKくん。一歳を過ぎ、自我を肥え太らせたい時期に、彼に与えられていた環境は、白い壁とつけっぱなしのDVD画面だったという事実。彼の「ねぇねぇ」というつぶやきや要求を受けとめてくれるはずのおとなは、日替わりの派遣保育士だったのかも…。

一番おとなに甘えたい時期に、「ぼくのことわかってくれている」おとなとの安心できる関係や、豊かな同年齢との関わりを保障されてこなかったことが容易に想像される乳児時代が浮き彫りになってくるにつれ、職員たちの表情も、「困ったKくん」から真剣なまなざしになっていくのがわかりました。自我を太らせてこられなかったら、どこまでも

「ジブン」にこだわり、一番でなかったら不安になったり、極端な防衛体制をとって相手をめったに打ちにしなければならないくらい不安になるのじゃないか？　ちゃんと、自分の要求を受けとめられずにきたのなら、ちょっとやそっとの寄りそいや受けとめで不安感がなくなるわけがないのではないか？　順番が守れなかったり、生活の切り替えがなかなかできなかったりするのも、この楽しい時間が二度とやってこないかのような不安があるのではないか？　待っていたら必ずぼくにもいいことが回ってくるという明るい見とおしを持てる経験が培われてきていないせいなのでは？　と気づかされたのでした。

保育園でできることはなんだろう？

そんな困難さを抱えた子どもたちに、私たち保育園ができることってなんだろう？　新しい課題を突きつけられて、職員たちは考えあいます。「やっぱり、ここが安心できる場所になってほしい」「そうだね、厳しい背景を抱えているけれど、保育園のなかまはちゃんとわかってくれるし、私たちも必ずいっしょにいるよって伝えたい」。

保育園の役割を考えながら保育で子どもを支えていこうと、自然とみんなの口から涙とともに発言があふれ、そのたびにみんなでうなずきあいます。驚いたのは、そのあとの発言でした。

「そんな子どもたちの親も、けやきの木で居場所を、安心を感じてもらいたい」。若い職員たちが発した「子どもたちだけではなく親も含めて守っていきたい」ということばは、職員会全体をなんともいえない、大切でかけがえのない雰囲気で包みました。

生活にゆとりがないなかで、あたりまえに育つ権利すら奪われている子どもたちがいる、そんな現実を肌で感じる職員たち。守られるべき乳児時代につけてこられなかった力を、保育園で救うことが求められていること。親も含めて、ここが安心できて自分らしくいられる場所になってほしい。自分たちのなすべき仕事が見えた、保育の根幹を一致できた忘れられない職員会となりました。

民営化受託という、特殊な事情でできた新人だらけの職員集団づくりでしたが、それゆえに、「職員全員で保育をつくる」形がつくれたのではないかと感じています。それは、職員にとっても安心できる職場づくりにつながり、また、その居心地のよさを親の方々にもぜひ感じてもらえる園づくりを、という次の課題への原動力にもなったようです。こうしてつくられていく、わが園らしさをこれからも大事にして、子どももおとなも安心できる保育園を育んでいきたいと思います。

成果主義が職員同士の関係にもたらすもの

東洋大学
清水玲子

人間関係の悩みは職場のあり方に関わる

どんな職場でも、生身の人間がいっしょに仕事をする場合、少なからず職場の人間関係での悩みは出てくるでしょう。まったくそういうことがない、という人でも、これまで一度も職場の人間関係の悩みには出会ってない、という人はめずらしいのではないかと思います。

特に保育の職場は、連携をしながらする仕事です。しかし、わかりあっていると思う人たちでも細かいことでは異なることがたくさん出てきます。それが、人間関係の悩みにつながるかどうかは職場のあり方にかかってきます。

保育をしていく際に、保育者同士の信頼関係がきわめて大切であるということは誰でもが知っているし、そうあるべきとも思っているし、そうありたいとも思っていることでしょう。それなのに、どうしてこんなに職員間の悩みは多く、しかもなかなか解決がむずかしいのでしょうか。

そのうえ、今、「自己評価」として、職員としての評価をなんらかの形で出すことが要求されるようになってきています。このことが職場の人間関係にどんなことをもたらすのかもしっかりみなくてはなりません。

ここでは評価の問題を中心に職員同士の関係づくりを考えます。

保育所の第三者評価●評価に慣れさせるもの？

第三者評価が保育所でも行われるようになってずいぶん経ちました。そのなかで、保育所での仕事のあり方などが、目に見える形で表現されることが強く要求され、さまざまな項目で評価されることが多くなりました。「○○のマニュアルがあるか」といったことが評価の対象の中心になるなど、マニュアル作りに追われた経験をもつ保育園も多いかもしれません（もちろん、第三者評価はお金がかかるし、強制ではありませんので、やったことがないという保育園もあるでしょうが）。

この第三者評価は、このような評価というものに慣れるうえでも一定の役割を果たしてきていると思われます。

公立保育所の「自己」評価●保育の話ができなくなる？

さらに、公立保育所では、地方自治体職員として自己評価を義務づける自治体はここ数年で大変多くなっていると思われます。年度の初めに自分で目標を立て、副園長や園長と個人面接でその目標でよいかどうかを確かめ、年度の終わりにその目標がどのくらい達成できたかを自己評価し、それをもってまた副園長や園長と面接し、評価を定めて園長たちがその上の管理職にその結果を上げていくというシステムです。

ここでどんな目標を掲げたらよいのでしょう？　たとえば、子どもたちを人が信頼できる人間に育てようという目標をもって保育をしたいと言ったとすると、その達成度はどうやって評価するのでしょうか。評価をするために、達成度がわかりやすい目標でなければ認められないということも起こっていて、もはや、「自己」評価という名前の他者評価（しかも何を基準に評価するのかもはっきりしない）になってしまっているのです。それほどあいまいなものであるにも関わらず、すでに多くの自治体が、その結果をその職員の働きの度合いとして待遇に結びつけることをはじめています。つまり、評価のよくない人は給与やボーナスを減らされたり、昇格などに差がつくというものです。個人の査定については、自己評価でなく園長が採点するＡＢＣＤである場合もあります。

ある大きな自治体では、職員の上位三〇パーセントは給与が平均より少し多く上がり、（何十円の幅）下位三〇パーセントに入った人は平均より少し下がる、そして、それは一回の幅はちいさくてもすべての給与の算定基礎として毎年積み重なっていくので、同じように働いているなかでも次第に差がついていくという「自己」評価のシステムが導入されています。その自治体の方は、導入して三年の間に組合員は大きく減り、職場の雰囲気はいつのまにか変わってきて、表面的にはおだやかだけれど保育の話が出なくなっていると言っています。

新保育所保育指針による自己評価●保育の達成度が保育士の評価？

そして、もうひとつ、今全国の保育園でどのようにするか考え、悩みつつ、はじめているのが新しく改訂された保育指針による「自己評価」です。

新しい保育指針では「保育士等は、保育の計画や保育の記録を通して、自らの保育実践を振り返り、自己評価することを通して、その専門性の向上や保育実践の改善に努めなければならない」（第四章）と書かれています。旧指針では「次の保育の資料とするため、保育の経過や結果を記録し、自己の保育を評価し反省することに努めること」（第一章）と書かれていて、ちょっとみると基本的にはあまり変わっていないし、どちらも保育実践を振りかえることで保育を深めていこうとしているように思えます。しかし、指針の一年後に厚生労働省から出された「自己評価ガイドライン」で、このことをＰＤＣＡサイクル（一九五〇年代に企業の品質管理の方法として生み出されたもの）で説明しているとおり、何を振りかえるのかというと、設定した目標に対してどのくらい達成できたのかを、自己評価して改善をはかるとされていて、子どもの姿から学ぶということとちがっているようです。実践の振りかえりが、子どもの姿からの出発ではなく、計画した保育の達成度で保育士の保育の方法や力量を評価するという、目標の達成度から保育士の評価をする振りかえり方になってしまっていることがわかります。

わかりにくい言い方になってしまったかもしれませんが、保育そのものを振りかえるとき、子どもたちの姿から見ていくと、一人ひとりの子どもにとってその保育がどんな意味をもっていたのか、おもしろくて夢中になれたのかなど、みんなで出しあっていくうちに、その保育について考察ができていきます。子どもの姿がよく見えてくると、自分が気がつかずにかけたことばや、注目せずにいたことに気づくことができ、それが、保育の反省にもなり、子ども理解も深まるので、次の保育の手立てが見つかるきっかけになるのです。

たとえば、そろそろお昼ごはんだから片づけをしようと子どもたちに声をかけたときに、なかなか子どもたちが片づけないとします。すぐには片づけないであそんでいる子どもたちの状況をていねいに見ながら話しあっていくと、この子たちは今、あそびが佳境に入っていてとても片づけられないのだとか、この子は遅く来たのでまだあそびはじめたばかりだから満足できていないのだとか、見とおしが持てていないから片づけないのだとか、先生にもっとことばをかけてほしくて待っているのだとか、さまざまな子どもの姿が見えてきて、それらにどんなふうに対応していったらいいのかがみんなに見えてきます。そして、しばらくあそんでいても大丈夫な時間的余裕をおとなの側が見とおしておくことの必要性とか、子どもの状況をわかってはいるけれど今は続けるのが無理だから昼食のあとでもあそび続けられるように配慮することもできるでしょう。逆に、何か作っている途中なのに全部やめてぱっと片づける子どものことを気にかける必要性に気づくかもしれません。

このようにみんなで学んでいくときに、すぐに片づけるクラスの保育者は力がある（？）などというように、保育者を採点評価する必要はないと思うのです。そのときの保育が子どもの姿といっしょに語られていき、明日の手だてが見えてくれば、そのことはそこにいる保育者たちの学びであり、力となるのですから。そして、そのようなプロセスが、保育実践から学べる振りかえりなのではないでしょうか。

保育と相容れない成果主義

こう見てくると、今、保育の世界に急速に入ってきたこれらの評価のあり方は、明確な評価の基準を示さず、第三者評価の項目や、保育関係の出版物にあるチェックリストなどをそれぞれ導入しながら、保育を、とにかく目に見える評価の対象に無理矢理仕立て上げるということなのではないかと思います。このような状況では、いくらプロセスも大切にすると言われても、結局は目に見える結果に対して保育者が評価される、ということになり、その結果に対して個人が責任を負っているような図式になります。そして、自分に対しても同僚に対しても、足りないところばかりに目がいってしまい、自分に自信を失ったり、ほかの職員に対して指摘してばかり、という職場になりかねないのです。

さらに、それらが、個人の働きの成果として査定され、給与、ボーナス、昇格などに差をつけられる材料になるという状況が浸透していけば、保育現場で働く一人ひとりはばらばらにされ、気がついたら孤立しているということになります。

このように、一人ひとりが孤立し、個人が得た成果をみんなのものにできないという成果主義は、企業にとっても利益にならないことが判明し、現在は企業においてもこのような成果主義の人事管理はやらなくなってきています。

まして人を育てることは、その場その場で目に見える成果に必死になることとは本来相容れません。また、保育所の保育はもともと個人ではできません。それを自己責任のように思わされていくことによって、本来、みんなで共同で確かめ、さまざまな関わりのなかでやわらかく子どもを見る目を養っていくべきおとなたちが、自分の担当の子どもしか見なくなったり、困ったときに担任のせいにしてすませてしまったり、ということが生じます。

逆に、みんなに助けてもらえずに、評価が悪くなるだけだと思ったら、困ることが起こっても、それをかくしたり、自分だけで処理しようとするようになってしまい、結果的に子どもにも親にも保育園として責任が持てない状況が生じてしまうことになるでしょう。

そんな職場は殺伐として、子どもからも学ぶことがまったくできなくなり、決められたとおりに毎日が過ぎていくことを願う保育者になってしまいます。これは保育の変質であり、保育職場の崩壊です。こんなことにならないようにしなくてはなりません。

職員同士の関係づくりのために

この間、こうした「自己」評価をめぐって、何人かのまじめな若い保育者から聞いたなかで筆者のなかで引っかかっていることばがあります。それは、今の評価システムに危険な面があるとしても、さぼったり、自分はちゃんとやらないでいばっているような人が同じ市町村にいるので、そういう人が低い評価を受けて、給与などが下がったりすることは悪いことではないと思う、といった内容でした。それぞれ地域が違いますから、きっとどこにもまじめな若者にとっては許せない先輩が一人や二人はいるのだろうと思います。そして、日々の保育で若い保育者を困らせたりもしているのだろうとも思います。それでも、自分たちからこのような評価システムを呼びこんではいけないと筆者は思います。

「困った」と思われる人たちがどういう人たちなのかはもちろんわかりませんが、低く評価される人が同じ職場に存在して、職場がよくなったり、保育がわかりあえるようになったりすることはまずないでしょう。勤務態度も含めて、査定されることで解決されることは、少なくとも保育に関してはないと思います。

困ったときには、何が問題なのか保育園の先輩たちに相談したり、保育のことであれば子どもの話をみんなでするなかで一方的でない関係をつくるなど、苦労はあってもそこの保育をみんなでわかりあえることでしか、子どもも職員もしあわせにはなれないのです。

また、このような評価をする人とされる人とが職場で対等な関係でいられないことにも私たちは気づかなくてはなりません。

特に、保育園の園長や副園長は、中間管理職として、毎回個人面接をおこない、自己目標や自己評価について指導をし、結果を上に報告しなくてはならない立場にあるでしょう。自分たちの思うようには簡単にできないことはたくさんありますが、いつでもそこで連帯する道を探し求めなくては職場が守れません。

ある園長は全員をAとして提出し、それではだめと突きかえされたと言っていましたが、そのような姿勢を貫こうと努力していることを職員みんなに知ってもらうことが大切です。職員も、個人面接で自分の目標を設定したり自己評価を出したりすることについて、職場の人たちのなかでオープンに話していくことが必要かと思います。このシステムにのみこまれず、職場の連帯を阻むものは本当は何なのかを常に見えるようにしていければ、このような状況のなかでも疑心暗鬼に陥らず、職場の雰囲気は明るいのではないでしょうか。そして、そこで子どもの話をすれば、職員みんなに子どもの姿がしみとおるように伝わり、子どもとともにいるこの仕事の醍醐味をみんなで味わうことができるのではないでしょうか。

保育を、人を育てる大切な営みとしてとらえ、そこから一歩も引かないことを職員同士で確かめあうこと、職員の関係がごちゃごちゃしてしまったら、子どもの姿から話を始め、そこから学ぶことに徹することが、今、このときだからこそ、大事なのではないかと思うのです。

意見の「一致」と「ちがい」を
豊かな保育に
つなげるために

すべては子どもからはじまる

福島大学
大宮勇雄

「一致」も「ちがい」もあるのが「いい関係」

人と人との「いい関係」というのは、どういうことを言うのでしょうか。

保育は、子どもの健やかな成長を願い、めざすものですから、おとな同士が、基本的なところで同じ方向を向いていることが必要でしょう。ですから、当初は意見がちがっていても、徐々に「共通の保育観」をもつようになっていくことが「いい関係」の一つの条件であると言えるでしょう。

しかし、では「意見の一致」があることが、「いい関係」のもっとも重要な条件なのでしょうか。たとえばもし、「一致こそよきこと」というのが前面に押しだされてしまえば、若い保育者や異なる考えをもった保育者にはとても居心地が悪く感じられることもあるでしょう。ですから、「意見の一致や共通の保育観が持てることこそ、いい関係である」というとらえ方はやや狭いのではないかと思います。もっと大事なのは、一人ひとりが自分の意見を出せること――そのためには一人ひとりの異なる意見が真剣に受けとめられ、尊重されること――だと言わねばなりません。

「子どもの権利条約」には、子どもの意見表明権が明記されています。子どもが意見を表明するのは当然認められるべきだとみなさん考えるでしょうが、この条文のもっと大事な点は、子どもによって表明された意見は「おとなによって尊重」されなくてはならないということです。軽んじたり、頭ごなしに否定するようなおとなの前では、子どもは自分の意見を表明するのはおろか、形成することもできません。このように、意見の表明権と尊重とは表裏一体の関係にあるというのは、おとなにもそのまま当てはまります。ベテランや上司など、自分より「上」の地位にある人こそ、「自分とはちがった意見」を真剣に受けとめることがなかったら、自分が尊重されたと実感できる職場にはなりえないでしょう。しかし、逆にまとめ役の立場から言えば、「みんなちがってみんないい」と手放しでは言えないというのも切実な問題でしょう。

このように考えると、保育におけるいい関係には、一見まったく相反するような二つの条件が必要だということになります。つまり、一つは、共通の保育観が確かめられているという意味での「意見の一致」がどうしても必要です。しかしそれと同じくらい重要なのは、一人ひとりの「ちがった意見」が十分に認められ、尊重されることです。ひとまずここでは、「一致」と「ちがい」がともに豊かにあること、それがいい関係だと言っておきましょう。そして、それはどういうことかを明らかにしてみようと思います。

「ちがい」を尊重しつつ「一致」を広げるには

意見の「一致」と「ちがい」の関係をどう考え、どのように調整したらいいのでしょうか。よくあるのは次のような二つの考え方でしょう。

一つは、大事なことは一致が必要、でも細かいことはちがいを認めあっていけばよいという考え方です。こうした考え方に立つと、大事なことで意見が異なる場合は多数決やむなしということになるでしょう。しかし思うに、大事なことこそ、意見のちがいが真剣に受けとめられるべきでしょう。そもそも何が大事かということ自体にずれがあることも多いのです。多数決がいけないというのではありませんが、多数決だけでは本当の意味での一致があるとは言えません。そこに残っているくいちがいを、ゆっくり時間をかけて理解しあうようなプロセスがどうしても必要だということをここでは確認しておきましょう。

もう一つの考え方は、ちがった意見を出しあいながら、なおかつ一つの方向にまとめていくプロセスを大事にする場合、「まとめ役」になる人が「正しい考え方」をもってリードする必要があるというものです。主任や園長に人一倍の学習や人の意見をよく聞く耳が必要だというのはそのとおりですが、すべてがまとめ役の責任になるのではのしかかる負担が大きすぎます。そして、「正しい考え」が話しあいの前提になってしまうと、会議は、やる前から結論が決まっていることになり、ちがった意見を述べようとする側も「正しい考え」を打ち破るための用意が必要になります。議論は慎重で重たくなり、活発な意見交換がむずかしくなる恐れがあります。

そもそも、意見がくいちがった場合においては、双方ともに自分が正しく、相手がまちがっていると見えてしまうものです。日常において、「常に正しく」考えられる人間などいません。ですから、「正しさ」を常に証明するというのはむずかしいものです。すると、正しいものを追い求めて議論しているつもりが、いつの間にか「正しさ」の代わりに「権威」や「経験」が幅をきかせることにもなりかねません。

ですから私たちは、多数決に頼ったり、「正しい考え」を持ちだしたりせずに、しかもちがいを認めあいつつ一致をつくりだすという、むずかしい課題に取りくむ必要があります。それは可能でしょうか。

「あのあそびはやめたほうがいい」と言われたら…

では、一つの事例に沿って考えていきましょう。

ここでは、職員間に「ほんのちょっとしたちがい」が生じた場面を取りあげます。職員間の関係づくりにまつわる問題の複雑さ・困難さをつかむためには、もっと深刻な事例を取りあげたほうがいいのかもしれません。しかし、意見の深刻な対立というのは、ふだんなにげない場面にあるちいさなちがいの延長線上にあるものでしょう。抜き差しならぬ対立が表面化してからではなく、どこの園にでもあるような、日常的でごくささいなちがいにどう対処すべきかを考えることも大事だと思うのです。

さて、まことくんは三歳の幼稚園児。入園してから二か月がたちましたが、まだ朝のお母さんとのお別れがスムーズにいきません。海野先生は担任ではないのですが、まことくんのことが気になったので彼のようすを注意して観察するようにしました。すると、目に入ったのは友だちに混じって、タケノコ掘りに熱中しているまことくんの姿でした。

記録……①

園庭の南東の隅に竹林がある。まことは毎日友だちと協力して汗だくになって夢中になっていることがある。「タケノコ掘り」である。まわりをていねいに掘り、大切にタケノコを掘っている。「やったー！　タケノコ取ったよ」はじける笑顔が見られた。おみやげにと家に持ち帰る子どもが多いなか、まことはタケノコに興味をもって硬い皮をむくと、白いやわらかいタケノコの赤ちゃんが出てきた。

最後の一文から、まことくんがタケノコに大きく心動かされていることがわかります。彼は待ちきれず、その場でタケノコの皮をむいてしまいます。すると、硬い皮のなかから赤ちゃんのようにやわらかいタケノコがあらわれました。彼にとって、それは本当に大きな驚きであり発見だったのでしょう。このあそびが、その後の思いもかけぬような彼の成長につながっていくのですが、もちろんこの時点でそうした展開を見とおすことなどできません。ですから海野先生は、この記録を書きとめたときの自分の気持ちを次のように書いています。

「(この記録の時点では)一人ひとりの学びを考えようと思わず、タケノコを掘っている子どもを見ても、『いいのかな? 園長先生に怒られても知らないよう!』としか思わなかった」

さて、このなかの「園長先生に叱られても知らないよとしか思わなかった」という箇所に注目してください。これは海野先生の心のなかのつぶやきであって、実際に園長先生との間で「意見のちがい」が表面化したわけではありません。しかし、もし実際に園長先生から中断するように言われたら、海野先生の心は大きく揺れたことでしょう。夢中になっている子どもたちの「もっと続けたいよう!」という声に応えたい気持ちがあると同時に、「やめさせたらいい」との意見に即座に反論できるだけの確信もないからです。ですから、「意見のちがい」は自分の外にあるものというより、多くの場合自分自身のなかにもあるものです。

そこで、みなさんも海野先生になって考えてみてください。園の誰かから「あのタケノコ掘りやめさせたほうがいいよ」と言われたらどうするかと。

もちろん、その園の保育方針――たとえば、自由あそびを大事にしているか、逆に設定保育がメインの活動になっているか――によって対応は異なるでしょう。ですが、ここでは特に明確な方針はないと仮定してみましょう。園長の指示となると反論を躊躇《ちゅうちょ》するでしょうから、同僚あるいは親しい主任の保育者からの意見と仮定しましょう。

「安全優先」の根底にあるもの●子どもの活動の展開は予想がつかない

「やめさせたほうがいい」という意見がどういう理由からのものかによって、対応が異なるでしょう。そこで、よくありそうな理由に沿って考えていきましょう。

まず、もっともありそうな理由は、竹林でのあそびはけがをしたり服が汚れたりする恐れがあるというものでしょう。危ない・汚いという意見と、でも熱中しているのを尊重したいという意見とは一見相容れないものに見えるかもしれませんが、どちらの立場に立つにせよ、「子どもたちのやりたい気持ちを尊重したい」「安全衛生上の配慮はないがしろにできない」というのは当然ふまえるべき原則だというところに、大きなちがいがあるわけではありません。両者間にあるのは「程度の判断」のちがいです。

その一つは、けがや不衛生の恐れをどの程度と予想するかです。もう一つは、そのあそびが子どもの成長にとってどの程度重要と考えるかです。

前者の危険度についての判断についていえば、重大な事故や危険の予見という点で相容れないようなちがいというのは多くは起こらないでしょう。判断が分かれてくるのは、ちいさなけがや汚れをどの程度避けるべきと考えるかです。そしてその判断に大きく影響してくるのが、二つ目の判断――つまり目の前のあそびがその子の成長にとってどれほどの意義があると見るか――でしょう。成長に大きな意義があると考えれば、万に一つのちいさなけがを避けることよりも、タケノコ掘りを続けさせようと判断するでしょう。逆に、子どもの成長にとって意味がないものとしか見えなければ、万が一のちいさなけががあってもその恐れは取りのぞいておくのが賢明でしょう。

さてしかし、海野先生自身が書かれているように、このタケノコ掘りあそびが成長にとってどんな意味があるかは、簡単に見とおせるものではありません。子どもがたとえどれほど熱中していようと、生真面目に成長的な意味は？　と考えだすと、はっきりした確信をもって断言するのはむずかしいものです。

ここにあるのは、子どもの成長につきまとう「見とおしの不確かな性質」という問題です。くわしくはあとで触れますが、目の前の活動がどう展開していくかを予測できないということ、そのために短兵急に成長の成果を求める立場に立つと、子どもの成長は自発的なあそびや取りくみのなかにあるようには思えないこと、そうしたことが保育につきまとっています。保育の場における多くの「意見のくいちがい」の根底にあるのは、そういう点の見極めのむずかしさです。

「計画優先」の根底にあるもの●確かな成長をつくりだしたい

さて、「熱中していてもやめさせたほうがいい」という意見のもう一つの理由は、お集まりの時間だとか、予定していた活動ができなくなってしまうなど、いわば「保育の計画・予定」を理由にしたものです。指針や要領には子どもの自発性に柔軟に応えることが大事だと書いてありますから、子どものようすを見て担任が計画を変更するのは本来いっこうに構わないはずです。しかし、頻繁《ひんぱん》な予定変更はよくないとか、子どもを見ているだけでは自由放任でしょうと批判されたりすると、「担任の権限でしょ」と反論するのは骨です。なぜそうした「保育計画優先」の考え方に反論しにくいかというと、保育者が準備し計画した活動のほうが、子どもの「目に見えやすい成長」をもたらすものであるかのように見えるからです。子どもが自ら進んで何かをしている姿がどんな成長に結びつくのか、ただちには予測しがたいという、前に述べたのと同じような事情がここにも顔を出しているのです。

おとなが準備する活動のなかにこそ確実な成長があるという見方の元をたどると、子どもの成長とは何か新しい能力が身につくことであり、そのためには保育者が用意する新しい活動がもっとも効果的であるとする、発達観・保育観があります。こうした発達観に立つかぎり、保育者の計画こそが「確実な成長」を約束するという意見を乗りこえるのは簡単ではありません。ここに、反論のむずかしさがあるのです。

活動の予測不可能性と、おとなの思惑を超えた成長の可能性

しかし、子どものあそびや取りくみがどのように展開するかを保育者が予測するのがむずかしいということと、子どもの確実な成長がそこにあるかどうかというのは、まったく

別問題です。おとなが予見しえない――それゆえ、またおとなが計画することのできない――、子どもの手による活動の発展は、不確実どころか確かで力強い成長をもたらす鍵です。それは、おとなが用意する活動によってはとうてい達成できないような成長をもたらします。そのことを、先ほどのまことくんのタケノコ掘りの記録から見てみましょう。

記録……②

給食にタケノコご飯が出た。「僕が掘ったタケノコといっしょだ！　どうやってタケノコご飯を作ったのかな？」「先生が作ったの？」

記録……③

雨の日の保育室では、まことを中心に粘土でタケノコを作っていた。その粘土のタケノコは実際に食材に触れて、五感を使ってタケノコを感じているので、とてもていねいで本物そっくりであった。何よりその集中力がすばらしかった。できあがったタケノコを誇らしげに「先生見て！」と見せてくれた。

記録……④

「タケノコはどこから出てきたの？」と園庭を深く掘っているまこと。春の図鑑でタケノコを自ら調べている。

海野先生は、この二週間の記録を振り返って「（この記録③にある）タケノコを粘土で表現している姿を見てこれだ！　と思った。できごとやあそびのなかで学んでいるんだと改めて感じた」と記しています。

記録③にある粘土のタケノコというのは、粘土を薄くのばして、一枚ずつ皮を作り、それをぐるりと巻いて重ねあわせて作られたものです。そのユニークさ、工夫、根気強さ、いずれをとっても、実にみごとな表現です。「先生見て！」ということばからは、「やりとげた」という彼の達成感が伝わってきます。さらに記録④からは、まことくんのなかにおとな顔負けの「探究心」が育っていることがはっきりと読みとれます。

そうです、記録①のときにはどんな成長があるかまったく確信がもてなかったようなあそびが、実は、確かな、しかも驚くべき成長のはじまりであったことが、ここではっきりとわかります。

「子どもの成長を注意深く見る」という一致をつくる

どうですか。子どものあそびの展開が予測できないからといって、そこに確かな、力強い成長がもたらされることは十二分にありうる、と先に述べたことがわかっていただけたでしょうか。

これまで、保育をめぐる職員間の意見のちがいをなかなかことばにするのがむずかしく、しかもその点での正面からの話しあいがむずかしいことの背景に、子どもの活動の予測のむずかしさがあることを見てきました。活動の予測がしにくいので、そこから必ず「確かな成長」がもたらされるかを予見することは、誰が保育者であってもむずかしく、そのために子どもの意見を尊重するというところに徹底できないのです。

しかし、活動の展開が予測できないということは、そこに「確かな成長」がないということでは断じてありません。むしろ、おとなが設定した活動ではなしえなかったような、豊かで力強い成長をもたらすのは、子どもたちの関心や熱中から始まったあそびなのです。

とすると、保育者が取るべき態度は、唯一つ、つまり子どもの活動をしばらく「見守ってみよう」とすることでしょう。そこでどんな成長があるか、あるいはないかは、誰かが断定することはできない相談です。その点での意見は保留して、子どもたちを見守る、見つめることを経て、もう一度、相互の意見のちがいを話しあってみることでしょう。そうすればきっと、さらに豊かな一致がそこでは可能です。「豊かな」というのは、子どもの声がそこに反映されているからであり、同時に子どもの実際の成長の姿をふまえた客観的な事実の共通確認があるからです。

ですから、ささやかなちがいであっても、その背景には子どもの活動の予測不可能性と、おとなの思惑を超えた子どもの成長の可能性という、ワクワクするような難問が横たわっているのです。それをふまえたうえで、話しあいはなされなくてはなりません。時間をかけて、子どもたちとともにあるとき、はじめて保育者集団のなかにゆるがぬ「一致」と意味のある「ちがい」がつくられていきます。

イタリアのローリス・マラグッツィという教育者は、〝保育というものは、子どもといっしょに気球に乗って冒険するようなものだ。ただし、長ーい安全ロープでつながれてはいるが〟という趣旨のことを述べています。職員間の意見のちがいを、子どもの意見に耳を傾け見守るということを間に挟むことによって、豊かな一致に導くことができるのではないかと私は思います。

中西新太郎
なかにししんたろう　1948年生まれ。
横浜市立大学教授。専攻は社会哲学、現代日本社会論。
主な著書に、
『若者たちに何が起こっているのか』（花伝社）
『〈生きづらさ〉の時代の保育哲学』（ひとなる書房）
『格差社会とたたかう―〈努力・チャンス・自立〉論批判』（共著、青木書店）
など。

清水玲子
しみずれいこ　1947年生まれ。
東洋大学教授。乳児保育、保育原理を担当。
主な著書に、
『育つ風景』（かもがわ出版）、
共著に
『今の子育てから保育を考える』（草土文化）
『徹底して子どもの側に立つ保育』（ひとなる書房）
など。

大宮勇雄
おおみやいさお　1953年生まれ。
福島大学教授。幼児教育担当。
主な著書に、
『保育の質を高める―21世紀の保育観・保育条件・専門性』
『学びの物語の保育実践』（ひとなる書房）
など。

いい保育をつくる
おとな同士の関係

2010年8月10日 初版第1刷発行

編集――――――『ちいさいなかま』編集部

発行――――――ちいさいなかま社
〒160-0001 東京都杉並区阿佐谷北3-36-20
TEL 03-3339-3902（代）
FAX 03-3310-2535
URL http://www.hoiku-zenhoren.org/
発売――――――ひとなる書房
〒113-0033 東京都文京区本郷2-17-13 広和レジデンス101
TEL 03-3811-1372
FAX 03-3811-1383
Email:hitonaru@alles.or.jp

印刷所―――――光陽メディア

ISBN978-4-89464-152-5 C3037

カバーイラスト―――――かるべめぐみ
本文写真―――――『ちいさいなかま』編集部
ブックデザイン―――――阿部美智（オフィスあみ）